Les enfants découvrent...

les endroits célèbres

TIME LIFE
JEUNESSE

Contenu

Pourquoi y a-t-il tant de lieux célèbres?

RÉPONSE Il y a beaucoup de lieux célèbres parce que le monde regorge de magnifiques décors naturels et de monuments splendides qui ont été construits il y a des millénaires par des peuples très anciens; nous sommes d'ailleurs incapables de comprendre aujourd'hui comment certains d'entre eux ont été réalisés. Lesquels connais-tu?

▲ Le palais des Papes en Avignon

▲ Le Grand Lac Salé (États-Unis)

▲ New York (États-Unis)

▶ Teotihuacán (Mexique)

Le lac Titicaca
◀ (Pérou et Bolivie)

▲ Rio de Janeiro (Brésil)

▼ Waterloo (Belgique)

▼ Le palais de Petrodvorets (ex-URSS)

● Pour les parents

Le monde est rempli d'endroits célèbres soit naturels, soit créés par l'homme. Ces lieux sont aussi fascinants pour les enfants que pour les adultes. Et ce livre est destiné à leur faire découvrir le « pourquoi » de leur existence. Ces deux premières pages ont pour but d'indiquer au jeune lecteur les sites renommés qui seront ensuite décrits. Les parents peuvent y ajouter des explications concernant la situation géographique de ces derniers par rapport à leur propre pays.

Le lac Baïkal (ex-URSS) ►

▲ La Cité Interdite de Pékin (Chine)

Mohenjo-Daro (Pakistan) ▲

◄ Hong-Kong

▼ Le mont Kenya (Kenya)

▲ Le temple de Borobudur (Indonésie)

Les monts Olga (Australie) ►

Pourquoi les gardes de Buckingham Palace ont-ils des uniformes si rutilants?

RÉPONSE

Buckingham Palace est la demeure de la famille royale britannique. Actuellement, la reine Elisabeth II y vit. Les gardes du palais ont pour rôle de protéger ce lieu important. Et leurs uniformes sont rutilants parce qu'ils travaillent pour la reine. Un cérémonial pompeux accompagne la relève de la garde, qui a lieu chaque jour à 11 heures 30. Des touristes du monde entier viennent assister à cette cérémonie pittoresque et très « british ».

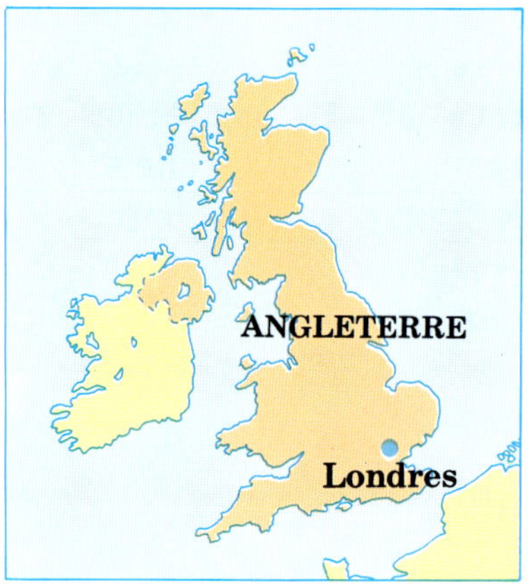

Les gardes du Palais
Leur élégante veste rouge et leur « bonnet à poils » en fourrure d'ours noir sont déjà tout un spectacle.

Buckingham Palace doit son nom à lord Sheffield, l'un des ducs de Buckingham, qui fut responsable de la construction de cette résidence royale en 1703.

Pourquoi y a-t-il un drapeau au-dessus de Buckingham Palace?

Parfois, l'étendard royal flotte sur Buckingham Palace, et parfois non. Lorsqu'il flotte au-dessus du palais, cela signifie que Sa Majesté la reine est dans sa demeure; lorsqu'il n'y flotte pas, c'est qu'elle en est absente. Il s'agit d'une simple tradition: en Angleterre, la population doit savoir quand sa souveraine est chez elle.

Quels sont les autres monuments célèbres de Londres?

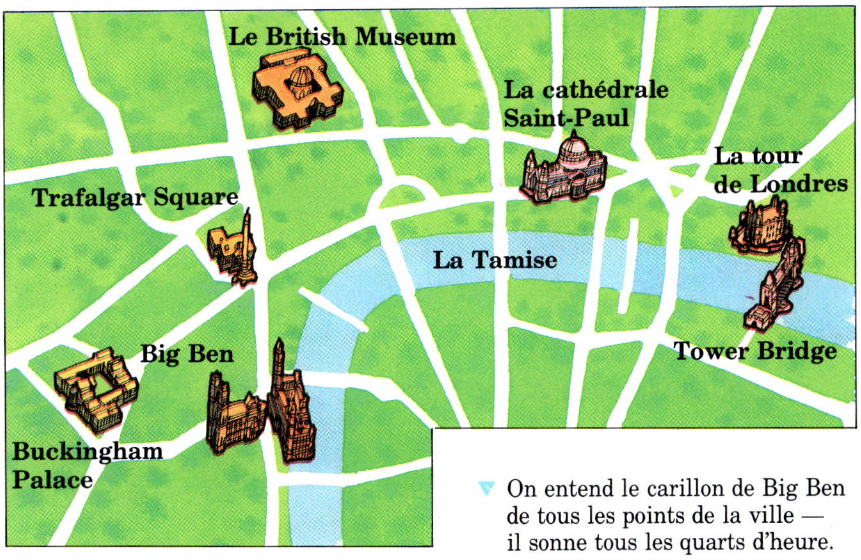

Londres est la capitale de la Grande-Bretagne. Elle compte bon nombre de bâtiments très anciens, célèbres pour des raisons historiques ou culturelles. La carte de gauche montre où sont situés quelques-uns des plus célèbres.

▼ **Tower Bridge.** La travée du milieu de ce pont peut être relevée afin de permettre aux gros bateaux de descendre ou de remonter le cours de la Tamise.

▼ On entend le carillon de Big Ben de tous les points de la ville — il sonne tous les quarts d'heure.

● Pour les parents

La relève de la garde est l'un des spectacles les plus célèbres de Londres. Les touristes viennent en foule pour voir les gardes de la reine marcher d'un pas parfaitement cadencé. La reine Victoria fut la première à vivre à Buckingham Palace. C'est pourquoi un monument à sa mémoire s'élève à l'entrée du palais. L'Empire britannique était à son apogée pendant son règne, et ce monument est devenu, pour cette raison, le symbole de l'âge d'or de l'Angleterre.

Est-il vrai que Humber Bridge est le pont suspendu le plus long du monde?

RÉPONSE

Humber Bridge, terminé en 1981, en Angleterre, enjambe l'estuaire de la Humber. Et, avec sa travée de 1 410 mètres, de l'un de ses supports principaux à l'autre, il est bien le pont suspendu le plus long du monde. Si tout le filin utilisé pour ses câbles était étiré en une ligne droite, il s'étendrait sur environ 71 000 km; soit presque de quoi faire deux fois le tour complet de la Terre.

◀ Humber Bridge a été conçu pour les véhicules et les piétons. Il est sans péage.

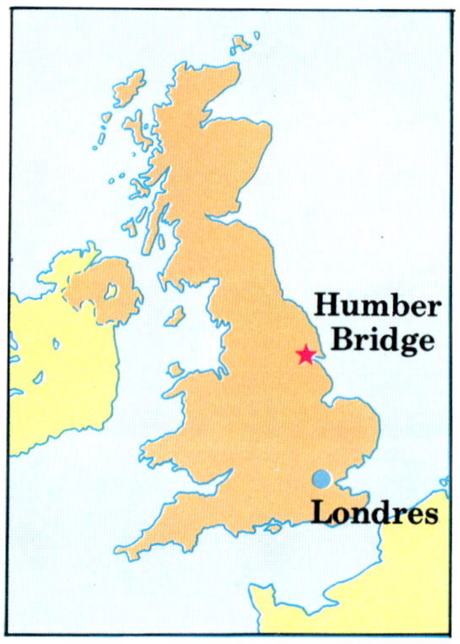

Comment on mesure un pont suspendu

La distance entre les deux principaux pylônes de suspension s'appelle la travée du pont.

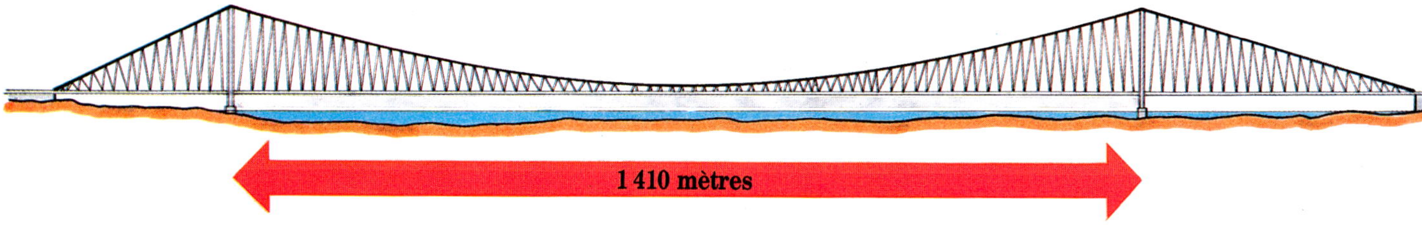

Les différents types de ponts

Il existe de nombreux modèles de ponts. En plus du matériau de construction, toutes sortes d'éléments interviennent en effet dans le choix du type d'architecture d'un pont: la topologie et le climat, par exemple.

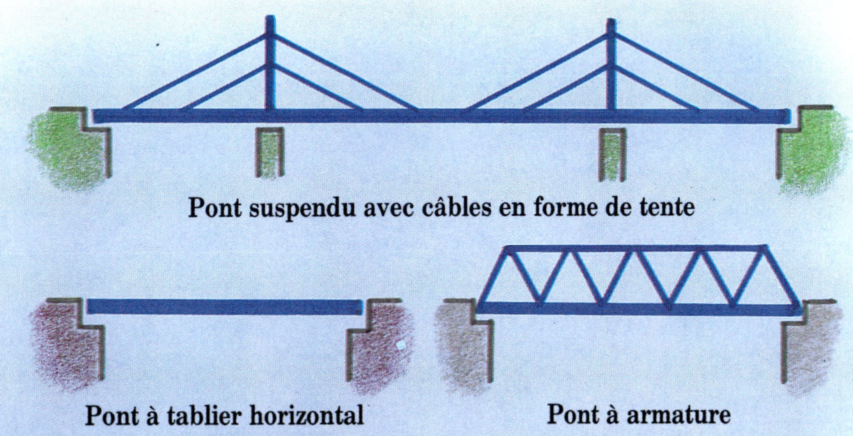

Trois systèmes de ponts peu usités

■ **Pont basculant.** Quand un bateau arrive, son tablier s'ouvre en deux et bascule.

■ **Pont à élévateur**

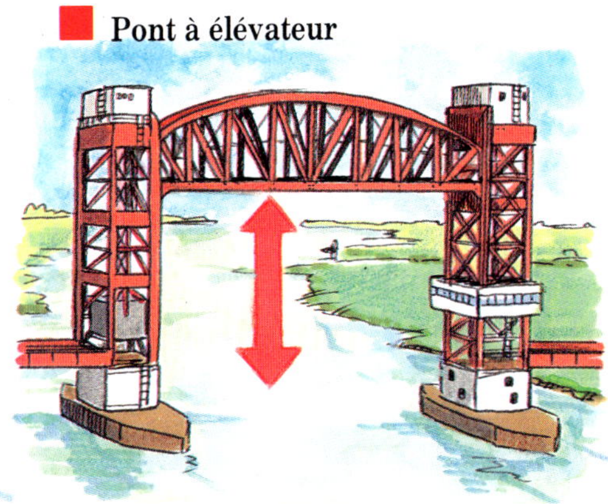

Son tablier se soulève pour laisser le passage aux bateaux les plus hauts.

■ **Pont tournant.** Pour libérer la voie aux gros bateaux, il tourne sur lui-même.

• Pour les parents

Le système à suspension convient aux ponts à très long tablier. Tous les plus longs ponts du monde, Humber Bridge et Golden Gate y compris, ont été conçus ainsi. Tous sont suspendus à l'aide de câbles et, plus leur travée totale est longue, plus leurs pylônes sont élevés... Impressionnant, non?

Le mystère de Stonehenge: à quoi ces pierres colossales pouvaient-elles bien servir?

RÉPONSE Certains pensent que Stonehenge fut construit entre 1800 et 1400 avant Jésus-Christ pour observer les cieux. Chacune des pierres qui, sur la plaine de Salisbury, en Angleterre, forment ce cercle est haute de 4 à 4,6 mètres et pèse de 27 à 45 tonnes. Certaines d'entre elles proviennent d'un endroit situé à une trentaine de kilomètres. Quel est donc le mystère de ce lieu?

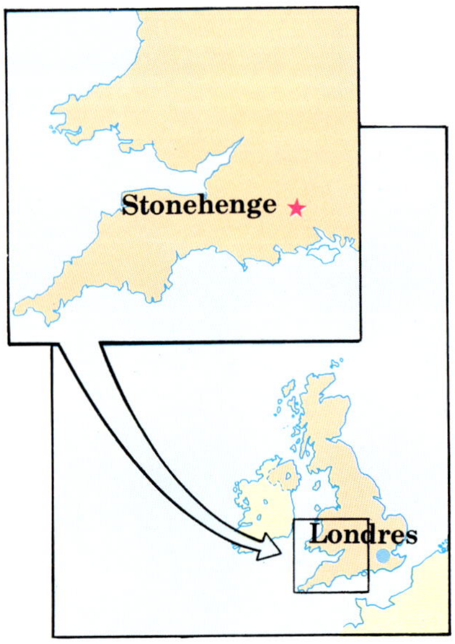

Stonehenge a peut-être été construit ainsi

Tout d'abord, on creusait une tranchée dans le sol, de façon que ses bords forment un angle de 45°. Puis on y faisait glisser l'une des énormes pierres que l'on voulait dresser.

Ces deux dessins montrent comment le bloc était ensuite redressé. D'abord à l'aide de poutres utilisées comme leviers, puis grâce à de simples cordes.

Stonehenge avait-il été construit pour étudier les cieux?

Un chercheur a cru pouvoir affirmer, grâce à des calculs par ordinateur, que les pierres indiquaient avec précision les changements de saisons.

D'abord, une grande tranchée circulaire fut creusée, puis on tassa des monticules de terre tout le long, de chaque côté.

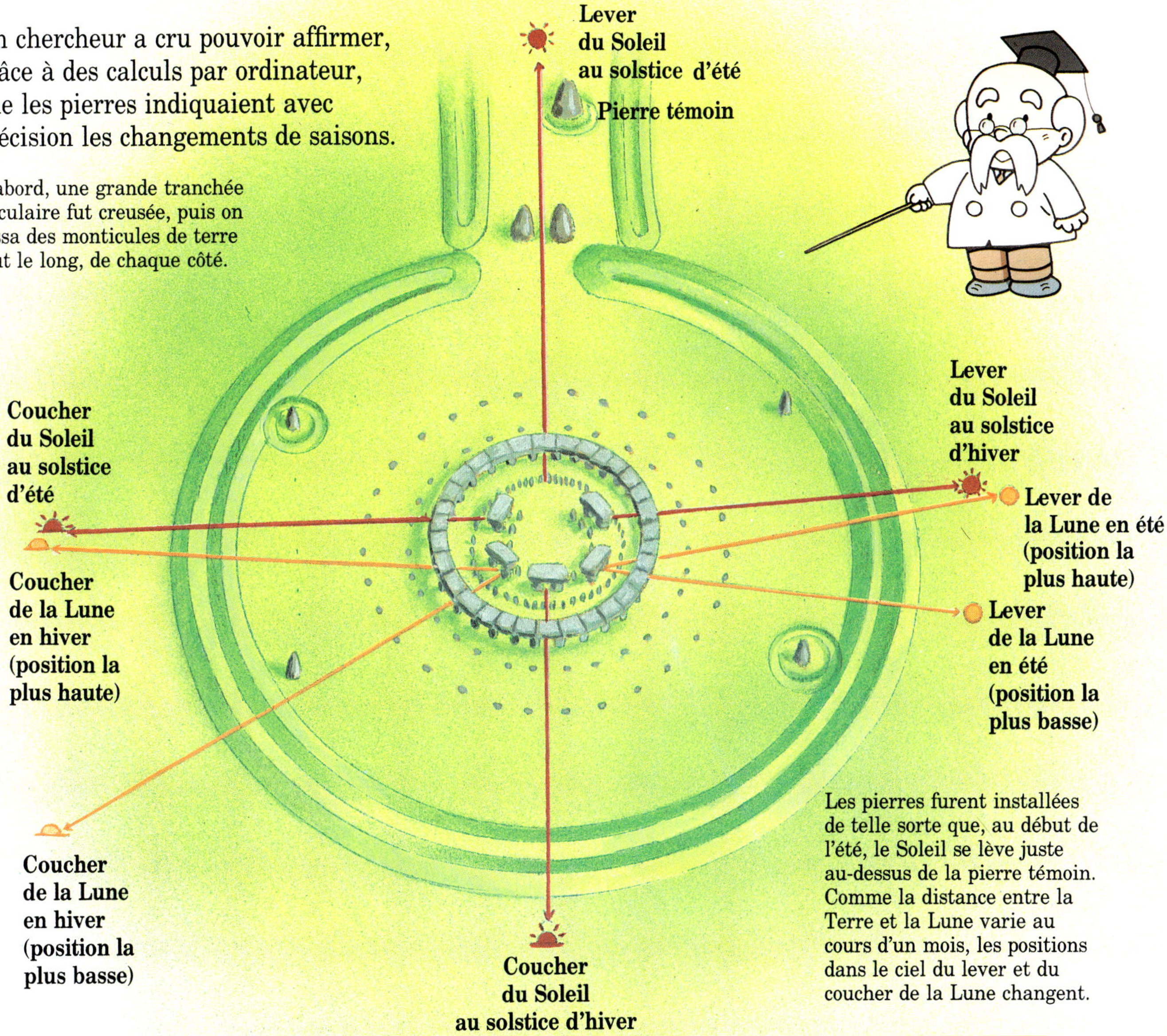

Les pierres furent installées de telle sorte que, au début de l'été, le Soleil se lève juste au-dessus de la pierre témoin. Comme la distance entre la Terre et la Lune varie au cours d'un mois, les positions dans le ciel du lever et du coucher de la Lune changent.

On construisait, après cela, un grand échafaudage, sur lequel on couchait les pierres du dessus, afin de pouvoir les amener à niveau très progressivement.

Pour faire monter l'échafaudage, on relevait l'une après l'autre chacune des extrémités de la pierre.

La pierre horizontale ainsi hissée était enfin glissée sur les pierres verticales.

• Pour les parents

L'ensemble tel qu'il fut édifié consistait, ainsi qu'on peut le voir sur le schéma ci-dessus, en une enceinte faite d'un fossé bordé de remblais de 107 mètres de diamètre avec, à l'intérieur, trois anneaux — un de 60 trous et deux de 30 trous chacun — et, au centre, la couronne de pierres, d'environ 30 mètres de diamètre. À l'intérieur encore, il y avait un autre cercle fait de pierres plus petites et de trous, ainsi qu'un assemblage de roches en forme de U entourant un autel en pierre. Il est probable que ce fut le lieu de culte d'un ancien peuple, mais il est bien difficile de dire de quel culte il s'agissait.

À quoi sert la tour Eiffel?

RÉPONSE

La tour Eiffel fut le clou de l'Exposition universelle qui se tint à Paris en 1889. Son nom vient de celui de son constructeur, Gustave Eiffel. Actuellement, elle remplit diverses tâches: émetteur de radio et de télévision; balise pour les avions; et parfois même, support publicitaire. Depuis ses plates-formes, on a une vue de Paris vraiment extraordinaire.

La tour Eiffel
À l'origine, la tour Eiffel n'avait que 300 mètres de haut, mais on lui a ajouté une antenne de radio et télévision qui l'a surélevée de 21 mètres. Elle fut construite, en 1889, en le temps record de 17 mois.

• Pour les parents

Quand, de nos jours, les gens songent à Paris, ils pensent invariablement à la tour Eiffel. Elle est devenue le symbole de la capitale française. Et pourtant, quand sa construction fut achevée, en 1889, elle fut violemment critiquée. Nombreux étaient ceux qui la considéraient comme exagérément moderne, comparée au style de Paris.

Quelles sont les autres structures célèbres dans le monde?

Les progrès de la technologie permettent d'ériger des structures de plus en plus hautes.

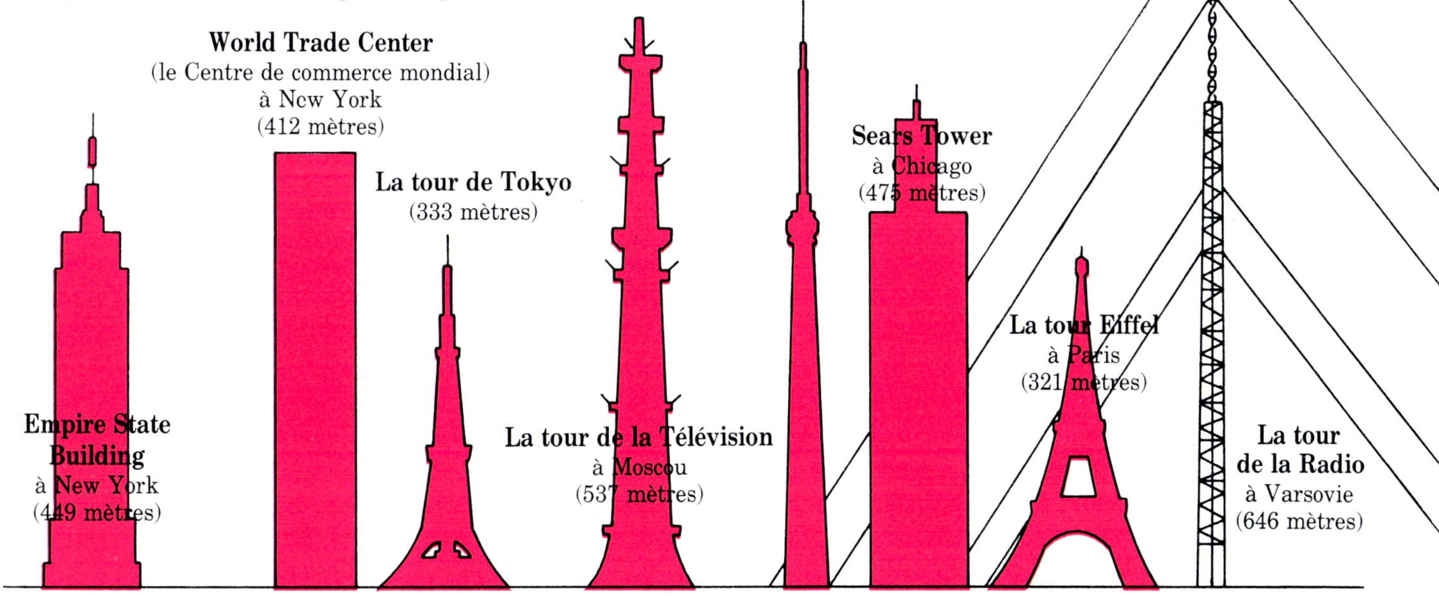

Il y a beaucoup d'autres monuments célèbres à Paris

Paris est la capitale de la France. La Seine la traverse de bout en bout. Sur la rive droite, il y a les Champs-Élysées, le musée du Louvre, le palais de l'Élysée et l'Opéra. Sur la rive gauche, se trouvent le Quartier latin et Montparnasse. La cathédrale Notre-Dame a été construite sur une île de la Seine.

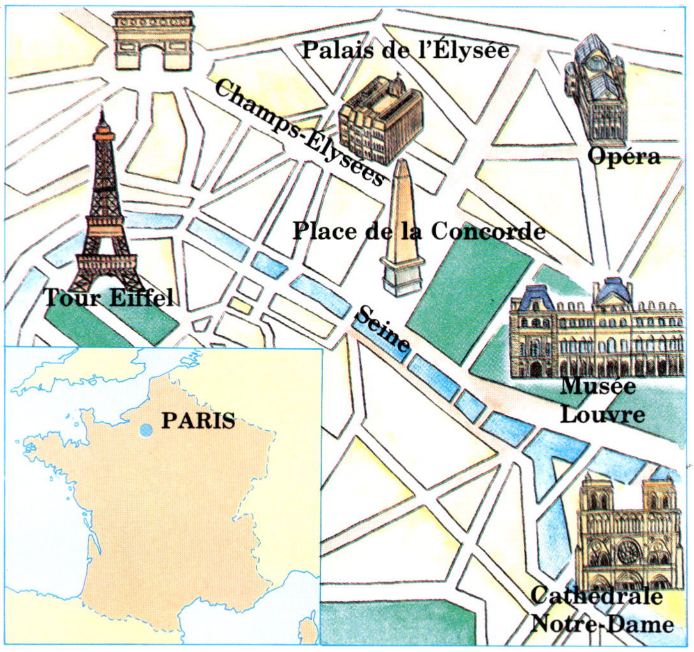

▲ **L'Arc de Triomphe.** À la gloire des armées de Napoléon.

▲ **L'Opéra de Paris.** Le symbole de la culture française.

Quel est le type d'architecture du château de Versailles?

RÉPONSE Cette résidence, utilisée comme pavillon de chasse par le roi de France Louis XIII, fut transformée en un magnifique palais par le roi Louis XIV qui y installa sa cour. Il le décora de matériaux somptueux et l'orna des objets les plus recherchés, ainsi que de sculptures et de tableaux de maîtres. On y donnait, presque chaque jour, pour le seul plaisir du roi et de sa cour, toutes sortes de joyeux divertissements.

La chambre à coucher du Roi
Elle était somptueusement décorée de motifs dorés sur fond blanc.

L'extérieur du château
La particularité essentielle du château de Versailles réside dans son harmonieux équilibre. La statue équestre du roi Louis XIV trône dans la cour d'Honneur.

La chapelle. Son sol entièrement décoré de motifs géométriques en marbre fut le témoin du mariage du futur roi de France Louis XVI et de Marie-Antoinette, en 1770, quatre ans avant leur accession au trône.

Le salon de la Reine. C'est dans ce salon que la reine recevait ses visiteurs étrangers ainsi que les membres de la noblesse française.

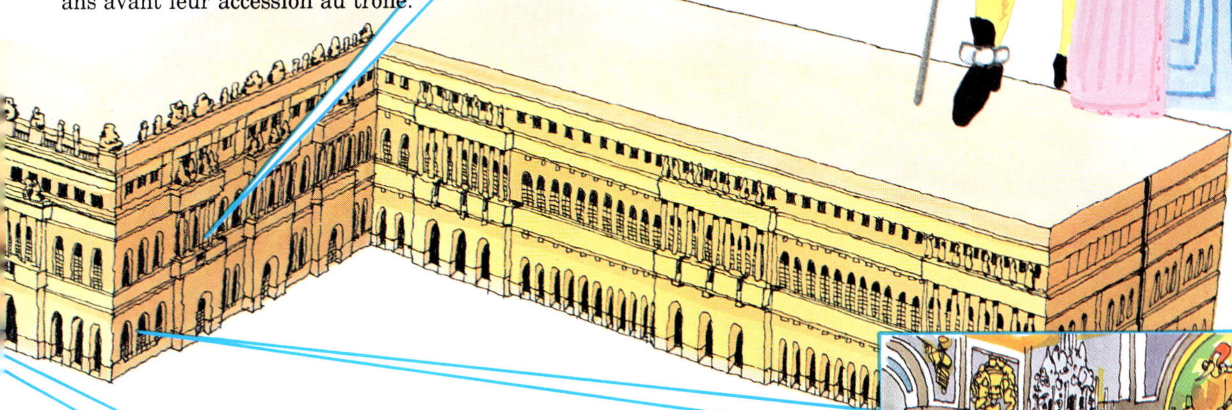

Le salon de la Guerre. Cette pièce, qui fut créée à la gloire des victoires de Louis XIV, est agrémentée de décorations en haut-relief représentant, entre autres, le roi sur un cheval cabré.

Le salon de la Paix. Quelle différence avec le salon de la Guerre ! Les reines de France en firent leur salle de musique, de lecture et de loisirs ou de divertissements privés.

La galerie des Glaces. C'est une galerie immense et grandiose qui compte, sur l'un de ses longs murs, 17 fenêtres ouvrant sur le parc et les jardins et, sur le mur opposé, 17 fausses fenêtres leur faisant pendant... Elles sont faites de plus de 500 panneaux de miroirs !

Pour les parents

La Révolution française provoqua la chute de la monarchie et fut marquée par la mort du roi Louis XVI. Le château de Versailles tomba alors en ruine. Ses œuvres d'art furent transférées au Louvre ou vendues. Quand il arriva au pouvoir, Napoléon donna l'ordre de restaurer la demeure royale, mais elle ne retrouva jamais l'éclat de sa gloire passée.

Qu'est-ce qui rend les peintures des grottes de Lascaux si particulières?

RÉPONSE Les peintures des grottes de Lascaux furent exécutées, à l'âge de la pierre, il y a quelque 25 000 ans, par des hommes de Cro-Magnon. Cent dessins d'animaux recouvrent les parois de Lascaux, dont l'un représente une espèce de bœuf sauvage appelé aurochs. Certaines des peintures mesurent jusqu'à 6 mètres de haut, et bon nombre d'entre elles témoignent du remarquable talent de leurs auteurs inconnus.

Les peintures de Lascaux sont très expressives.

Hommes et oiseaux

Un paradis naturel

La technique des peintres de Lascaux

Les peintres des grottes se servaient d'argiles colorées et de charbon et ils peignaient avec leurs doigts, tout en s'éclairant au moyen de torches alimentées par de la graisse animale.

Qui découvrit Lascaux?

Un jour, quatre jeunes garçons qui jouaient dans un champ égarèrent leur petit chien. Découvrant un trou au milieu des herbes et pensant qu'il avait dû tomber dedans, ils le creusèrent et l'élargirent, de façon à s'y glisser pour pouvoir aller chercher le chien.

Ils y retrouvèrent effectivement leur petit chien, sain et sauf, mais restèrent aussi en arrêt devant ce qu'ils découvrirent à l'intérieur. Il s'agissait bien d'une grotte, mais toutes ses parois étaient recouvertes de fantastiques peintures. C'était en 1940.

Les peintures d'Altamira, en Espagne

Certaines grottes situées à Altamira contiennent elles aussi des peintures. En fait, dans la région qui s'étend du sud-ouest de la France au nord de l'Espagne, il existe un grand nombre de cavernes possédant des peintures rupestres très anciennes et même quelques sculptures. La première fut découverte en 1879, mais, alors, personne ne vit ses peintures comme des œuvres préhistoriques; il fallut attendre que des études soient menées à la suite de découvertes plus récentes.

Peinture rupestre à Altamira ▸

• Pour les parents

Les peintures des grottes de Lascaux, représentant des chevaux, des daims et des bisons, principales sources de nourriture des hommes des cavernes, attirèrent, dès leur découverte, la foule des touristes qui y apportèrent... la pollution. Dès les années 1960, en effet, les scientifiques notèrent, sur les peintures du site, l'apparition de moisissures dont on réalisa qu'elles étaient dues à l'humidité produite par la respiration. En 1963, la grotte principale de Lascaux fut donc fermée, pour éviter l'extension des dégâts; une autre grotte, dite Lascaux 2, fut, en revanche, aménagée: on en fit la réplique exacte de la grotte fermée, en recouvrant ses parois de reproductions des œuvres trouvées à Lascaux. On peut désormais, grâce à Lascaux 2, admirer les peintures des hommes de Cro-Magnon sans les détériorer.

Pourquoi Venise est-elle une ville complètement à part dans le monde?

RÉPONSE Venise est une très belle et ancienne ville italienne qui fut construite sur 118 petites îles, sur la lagune. Où que l'on veuille se rendre dans la ville, il faut emprunter l'un de ses quelque 200 canaux. Dès l'origine, d'ailleurs, l'eau a donné à Venise sa force vitale, faisant d'elle, pendant des siècles, un port actif et la porte de l'Europe pour les marchandises venues du monde entier.

Gondoles

Pont du Rialto

Cathédrale Saint-Marc

Les gondoles de Venise

La gondole est le moyen de transport de prédilection des touristes, quand ils se déplacent pour admirer la ville. Mais les habitants de Venise lui préfèrent la barque ou le canot à moteur, qu'ils utilisent comme dans les autres villes on utilise sa voiture: chacun amarre ainsi son canot privé devant sa maison.

◀ Gondoles glissant le long d'un des canaux principaux

• Pour les parents

Les Vénètes, émigrés des rives de la mer Adriatique, commencèrent à s'établir à Venise vers le milieu du Ve siècle. C'était alors un territoire boueux et marécageux, mais il prospéra vite et devint finalement un important passage commercial, en même temps qu'un centre artistique florissant. Aujourd'hui, Venise connaît de graves problèmes dus tant à la pollution de l'air et de l'eau, qui endommage les magnifiques bâtisses en marbre de la ville, qu'à l'enfoncement progressif de la cité dans la mer. Des trésors d'ingéniosité devront certainement être déployés avant qu'on ne parvienne à protéger la ville et les merveilles qu'elle contient contre les ravages de ces deux fléaux.

Où circulent les automobiles?

Les voitures ne circulent pas dans Venise. Les rares rues de la ville sont bien trop étroites et tortueuses pour permettre la circulation automobile. Quant aux deux-roues, ils ne sont pas plus utiles, car il y a à Venise, pour que les piétons puissent traverser les canaux, quantités de ponts recouverts d'escaliers.

Les bateaux sont le moyen de transport le plus adéquat pour circuler dans Venise. Le réseau de canaux y est aussi développé que les systèmes routiers des autres villes. Les gens font leurs courses, vont travailler ou voir un film en prenant leur canot ou une barque publique. Et ils trouvent cela tout ce qu'il y a de plus normal!

Pourquoi la tour de Pise penche-t-elle?

▲ La tour, faite toute de marbre, mesure 56 mètres.

RÉPONSE La tour de Pise — dont la construction débuta en 1173 et dura environ 180 ans — devait, comme n'importe quel autre tour, être verticale. Mai il s'avéra, dès l'achèvement de son troisième étage, qu'elle penchait sérieusement. On entreprit aussitôt, mais en vain, de corriger ce défaut don le responsable est sans doute le sol sablonneux sur lequel reposent les fondations. Du moins l'édifice tient-il bon!

Penche-t-elle vraiment beaucoup?

Actuellement, le sommet de la tour de Pise est dévié de 5 mètres par rapport à sa base. Ce qui veut dire que, si on laisse tomber une pierre depuis le haut de la tour, son point de chute sur le sol sera à 5 mètres de sa base. Si on ne parvient pas à stopper l'inclinaison progressive et continue de la tour, elle finira, un jour, par tomber. Les ingénieurs espèrent trouver une solution avant.

En haut, elle est droite

Seule la tour du clocher, tout en haut, ne penche pas. Elle a été construite plus tard.

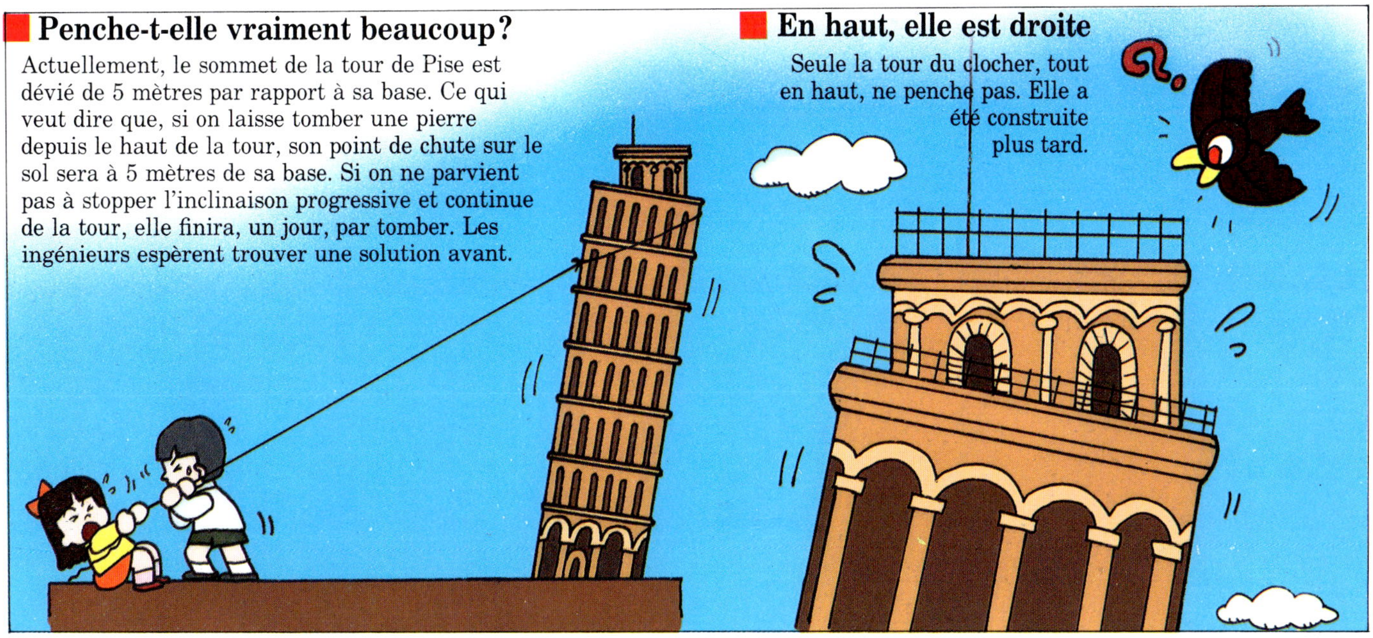

Galilée et la tour de Pise

Galilée est un savant. Il est né à Pise en 1564 et la légende raconte qu'il laissa un jour tomber du haut de la tour, exactement au même moment, deux boulets de canon — l'un 100 fois plus lourd que l'autre; il voulait démontrer qu'ils toucheraient le sol ensemble. Qu'il l'ait fait ou non, il a en tout cas démontré, par une série d'expériences minutieuses, que, dans le vide — où l'air n'exerce aucune résistance — tous les objets tombent exactement à la même vitesse, qui est indépendante de leur poids. On prétend aussi qu'il découvrit les principes de l'oscillation du pendule à Pise, en observant le balancement des lustres de la tour.

Pour les parents

Dans le domaine de la dynamique des corps, la science n'avait fait, à l'époque de Galilée, que peu de progrès depuis les découvertes d'Aristote. On pensait que si deux objets, l'un étant 10 fois plus lourd que l'autre, étaient lâchés ensemble, le plus léger mettrait exactement 10 fois plus de temps que le plus lourd pour atteindre le sol. On ignorait alors qu'un autre facteur que le poids intervient dans la détermination de cette vitesse: la résistance de l'air qui freine d'autant plus les objets que leur densité est faible. La preuve en fut apportée par Galilée, bien que des expériences similaires aient été menées à la même époque, en Hollande, par le physicien Simon Stevin.

Quel genre d'édifice était le Colisée?

RÉPONSE Le Colisée, construit il y a plus de 2 000 ans, quand l'Empire romain était à son apogée, était une arène. Son nom, qui, en latin, signifie «colossal», lui fut probablement donné à cause d'une «colossale» statue de l'empereur Néron.

▲ L'extérieur du Colisée

L'intérieur en ruine

Le Colisée est la preuve du haut degré de technicité qu'avait atteint la Rome antique en matière de construction. L'édifice paraît circulaire, alors qu'en fait cette colossale arène est légèrement ovale. Elle mesure approximativement 200 mètres de long, 170 mètres de large et 50 mètres de haut. Ses quatre niveaux de gradins avaient été conçus pour accueillir plus de 48 000 personnes.

On y assistait à des combats entre hommes et fauves

Les Romains se rendaient au Colisée pour assister à des combats entre hommes et bêtes sauvages. Quand les premiers spectacles y furent organisés, vers 80 avant Jésus-Christ, les combats duraient 100 jours et de nombreux gladiateurs et animaux y trouvaient la mort.

Les particularités du Colisée

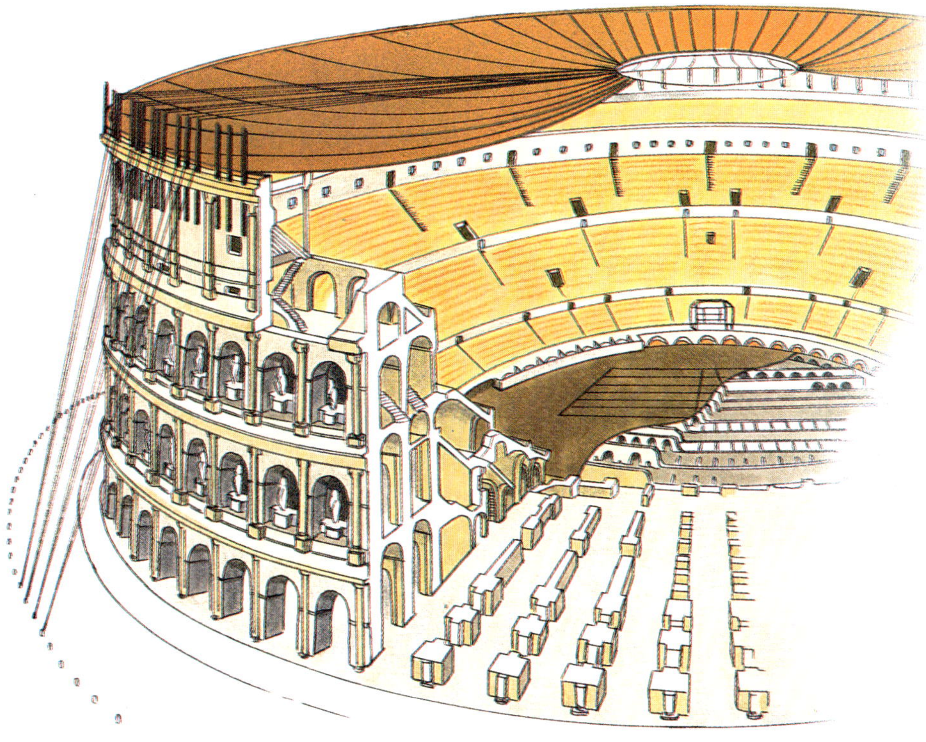

Pendant les combats, des bâches de toile étaient tendues au-dessus des gradins de l'arène pour protéger les spectateurs du soleil ou de la pluie, tandis que le centre était conçu pour pouvoir être inondé pour donner lieu à des batailles aquatiques. Deux niveaux de couloirs extérieurs permettaient à la foule d'accéder rapidement à tous les gradins.

Pour les parents

Le Colisée fonctionna jusque vers 500 après Jésus-Christ. Une partie en fut détruite au Moyen-Âge, par un tremblement de terre. Plus tard, on récupéra une partie de son marbre pour construire des églises. Actuellement, les gradins sont en ruine et l'arène est dans un état de délabrement catastrophique. Cependant, elle demeure un témoignage monumental du génie créateur de la Rome antique. C'est l'un, parmi d'autres, des grands vestiges de Rome, qui attirent la foule des touristes.

À quoi ressemblait Pompéi avant d'être recouverte par les cendres du Vésuve?

RÉPONSE Dès 300 avant Jésus-Christ, Pompéi était une ville prospère. Près de 20 000 habitants y vivaient; on y comptait de nombreux magasins; et c'était un centre d'affaires très actif. Elle fut pourtant rayée de la carte en l'espace de quelques minutes, quand, en 79 après Jésus-Christ, le volcan Vésuve entra soudain en éruption... Il allait, au cours du jour suivant, recouvrir la ville de 8 mètres de cendres.

La rue principale de Pompéi

Les rues de Pompéi étaient pavées et bien ordonnancées. Un mur entourait la ville. Les équipements publics étaient très modernes pour l'époque — il y a 2 000 ans et plus.

Thermes

Amphithéâtre

Pour les parents

Bien que ville florissante, Pompéi n'était pas très connue. Colonisée par Rome vers 80 avant Jésus-Christ, elle servit de lieu de résidence d'été aux Romains. Peu de chose semble avoir été écrit sur elle, même par l'écrivain romain Pline l'Ancien qui périt en tentant de porter secours à des amis à Stabies, ville proche de Pompéi, pendant l'éruption. Isolé, le village d'Oplontis, également carbonisé par le volcan, ne fut découvert qu'en 1964.

La ville de Pompéi

Les rues de la ville étaient parfaitement dessinées. Il y avait des thermes publics et des amphithéâtres. Chaque maison avait sa propre réserve d'eau.

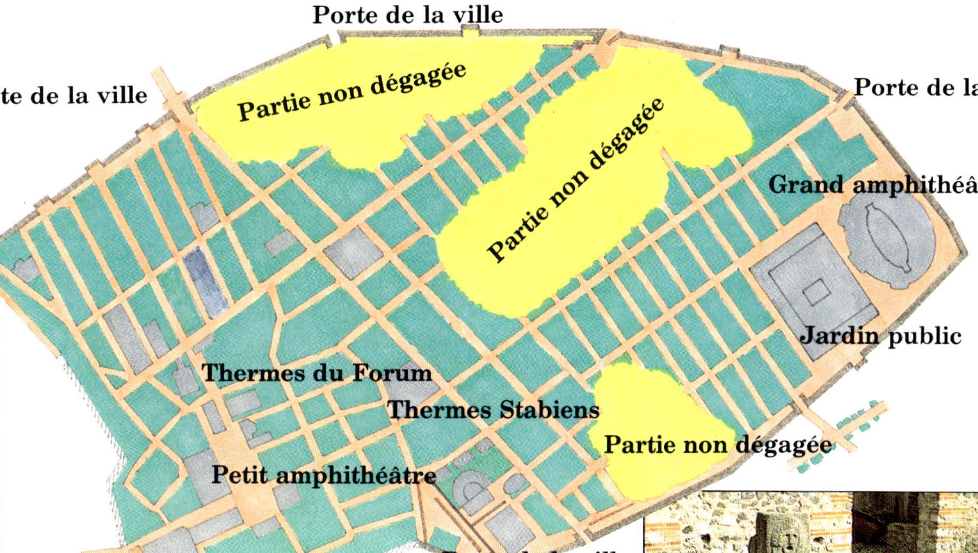

▲ La maison du chirurgien

Une fontaine publique ▶

Deux villes rayées de la carte

Située à 14,5 kilomètres de Pompéi, la ville d'Herculanum fut détruite en même temps qu'elle. Dix-sept ans plus tôt, déjà, un tremblement de terre avait ébranlé les deux villes, qui s'en relevaient à peine au moment où le Vésuve entra en éruption.

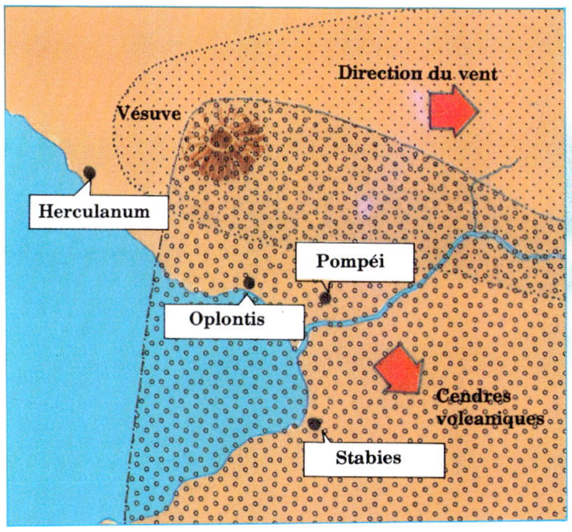

Quand le Vésuve entra en éruption, la coulée de lave se répandit vers l'ouest, tandis que le vent transportait les cendres et les gaz toxiques loin vers le sud-est. La ville de Pompéi était juste sur leur trajectoire ; et certains pensent que ses habitants moururent asphyxiés par les gaz avant d'être ensevelis par les cendres. Herculanum, qui était située à l'ouest du volcan fut, quant à elle, envahie par le torrent de lave.

Comment est-ce, à l'intérieur du Vatican?

RÉPONSE Le Vatican est situé à l'intérieur de la ville de Rome. C'est, avec une surface de 0,44 km^2 et ses quelque 1 500 habitants, le plus petit pays du monde. Le Vatican résista avec ténacité quand on voulut en faire une partie de l'Italie. Il fut reconnu comme État indépendant en 1929.

◀ La foule a envahi la place Saint-Pierre.

Quelle est sa taille?

Le Vatican est grand comme 60 terrains de football mis côte à côte.

▼ Vue aérienne de la place Saint-Pierre, à Rome

Son infrastructure

Outre la basilique Saint-Pierre, la plus impressionnante église catholique du monde, et la place Saint-Pierre, le Vatican possède, à Rome, son propre musée, sa station de radio et télévision, sa monnaie, ses journaux et sa gare de chemin de fer. Mais, même si c'est bien un pays indépendant, l'accès depuis Rome y est très aisé.

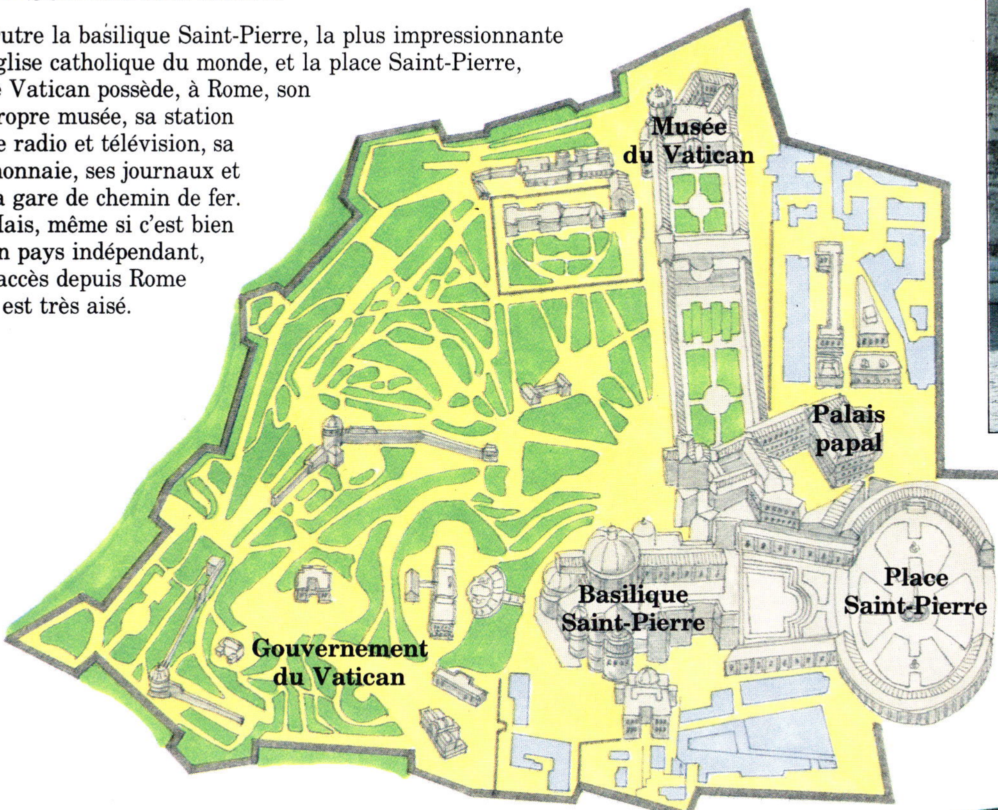

▲ Le Vatican est défendu par une troupe de soldats, les gardes suisses. Leur somptueux uniforme a été dessiné par le très célèbre peintre et sculpteur italien Michel-Ange qui, entre autres œuvres admirables, peignit le plafond de la chapelle Sixtine, l'un des fleurons du Vatican.

Les cinq plus petits pays du monde

Malgré sa modeste taille, chacun de ces tout petits pays possède des particularités qui attirent les touristes en très grand nombre.

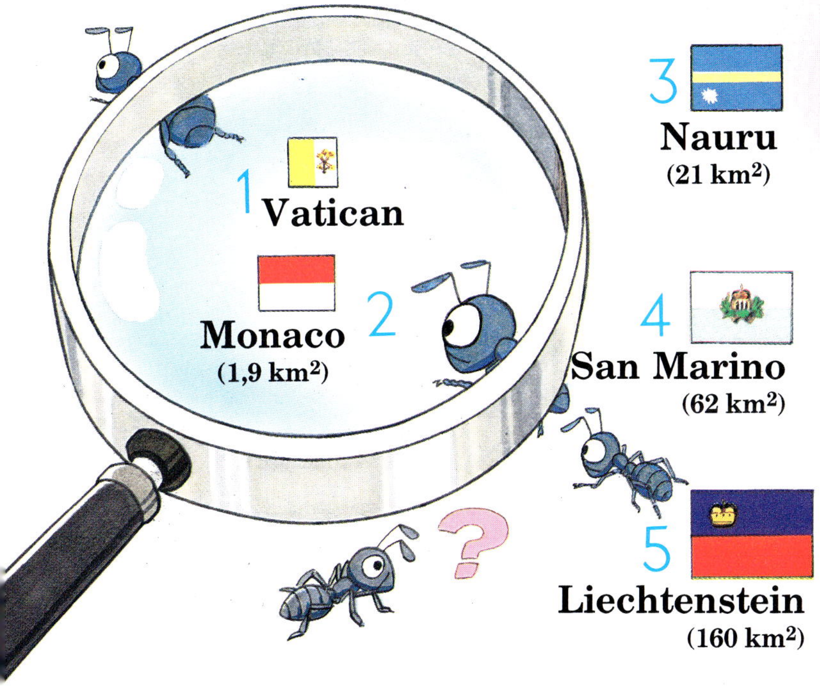

Pour les parents

Le Vatican accorde à ses résidents des documents officiels pour voyager, mais ne prélève aucun impôt sur les marchandises, que ce soit à leur entrée ou à leur sortie: le régime de la concurrence y est le même que dans toute l'Italie. Chef de l'église catholique, le pape possède l'autorité absolue au Vatican. Le Vatican contient des peintures, des sculptures et autres œuvres d'art de grande valeur que les touristes du monde entier viennent y admirer.

Pourquoi les Grecs ont-ils construit le Parthénon?

RÉPONSE Le Parthénon a été construit il y a plus de 2 400 ans pour honorer la déesse Athéna Parthenos, qui était considérée comme la déesse protectrice d'Athènes. À l'heure actuelle, les ruines du Parthénon, avec ses élégantes colonnes de marbre, surplombent toujours la capitale.

Le Parthénon

La déesse Athéna

Les Grecs lui attribuaient des pouvoirs exceptionnels grâce auxquels elle était censée protéger Athènes de tous les maux. On lui éleva une immense statue au centre du Parthénon quand on le construisit sur l'Acropole, une colline surplombant la ville.

L'orgueil d'Athènes

La Grèce antique était constituée d'États appelés « polis » (ville), dont le plus vaste était Athènes, construit autour de la colline de l'Acropole dont la caractéristique la plus connue était son temple dédié à Athéna.

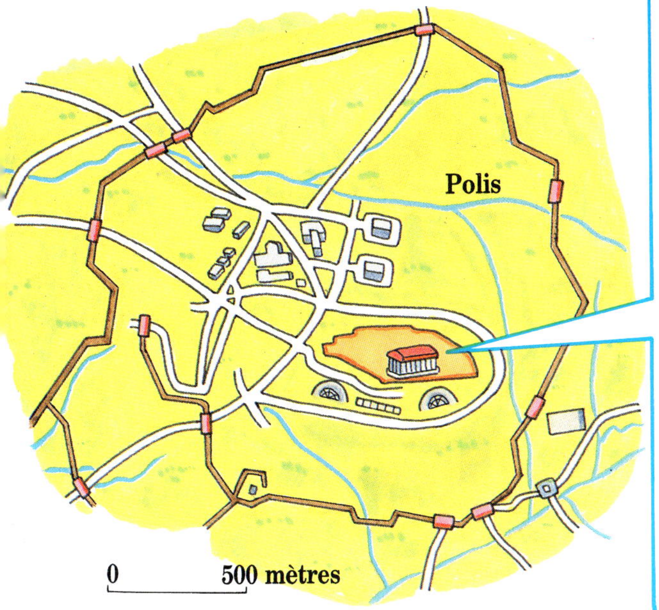

Comment ces immenses colonnes furent-elles édifiées ?

Chaque colonne est faite d'un assemblage de pierres circulaires, en forme de gigantesques tambours, empilées les unes sur les autres et maintenues ensemble par des chevilles en bois ou en métal. Chaque colonne mesure 10 mètres.

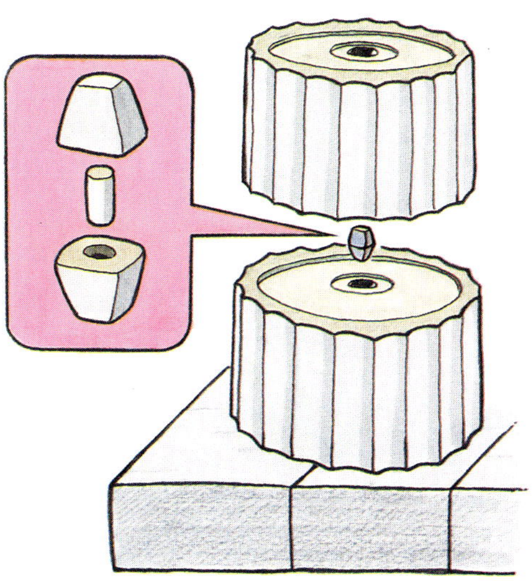

• Pour les parents

Athènes était la ville-État la plus importante de la Grèce antique. L'Acropole s'élevait au centre de la ville, et le Parthénon en était le cœur. C'était, à l'époque, la pièce maîtresse de la culture grecque. Au cours des années, le destin du Parthénon évolua. Il fut, un moment, haut lieu du culte chrétien et devint, au moment de l'invasion des Turcs, plus d'un millénaire plus tard, un arsenal et enfin une mosquée. Il a, durant ces dernières années, souffert de la pollution provoquée par les gaz d'échappement et le brouillard, mais des travaux de restauration ont récemment été planifiés et commencent à être exécutés.

Qu'est-ce que c'est qu'un fjord?

RÉPONSE Les fjords sont la conséquence des glaciers qui, en descendant de leurs montagnes, ont creusé de profondes vallées aux parois presque verticales. La mer s'est ensuite infiltrée dans la glace et a remonté les vallées, donnant naissance à des golfes entourés de murailles abruptes: les fjords. Les côtes scandinaves en sont parsemées.

Le fjord Geiranger, en Norvège

Comment se forment les fjords

Les montagnes sont entièrement couvertes de glaciers.

Les glaciers commencent à descendre lentement vers les vallées.

Comment se forment les glaciers?

Les hautes montagnes et les régions froides, comme l'Arctique et l'Antarctique, sont couvertes de neiges éternelles. La neige, quand elle y tombe, forme des névés: des accumulations de couches successives qui s'empilent et se tassent. La couche qui est au fond finit par durcir et se transformer en glace. Les glaciers sont en fait de colossales rivières de glace qui, au fur et à mesure que les névés les alimentent, glissent lentement le long des versants montagneux.

Durant des milliers d'années, le déplacement des glaciers use les versants des vallées. La mer se précipite dedans et les envahit.

• Pour les parents

Les fjords sont des éléments géologiques qu'on rencontre couramment le long des côtes scandinaves. Ce sont de longues, étroites et profondes failles, encaissées entre des parois à-pic et très élevées. Ils ont été formés par l'érosion glaciaire. Les glaciers formés par accumulation, en haut des montagnes, pendant des dizaines de milliers d'années, de couches de neige successives, les névés, sont appelés glaciers alpins. Les glaciers qui se forment sur des surfaces planes, tels ceux des glaces polaires, sont appelés inlandsis. Ces rivières de glace se déplacent à une vitesse de quelques centimètres à 1 ou 2 mètres par jour. Leur puissance est considérable et, en glissant, ils arrachent des pans entiers de roche aux versants de leurs vallées. L'érosion glaciaire est à l'origine de bien de merveilleux décors naturels.

Qu'est-ce que c'est que le Kremlin?

RÉPONSE En russe, «kremlin» signifie citadelle. Le Kremlin est une vaste étendue située sur une colline, à Moscou. Elle comprend un grand nombre de bâtisses qui, comme dans une citadelle ou une forteresse, sont entourées par un haut mur. À l'intérieur, c'est un véritable musée vivant. À côté des impressionnants bâtiments qui constituaient le siège du gouvernement de l'ex-URSS se trouvent des théâtres, des musées et divers monuments qui attirent de nombreux visiteurs.

▼ **Cathédrale de l'Annonciation**

▼ **Palais du Kremlin**

1. Cathédrale de l'Annonciation 2. Palais du Kremlin 3. Place Rouge 4. Musée historique de l'État 5. Cathédrale Saint-Basile 6. Tombe de Lénine 7. Tour du Rédempteur 8. Bâtiment du conseil des Ministres 9. Canon du Tsar 10. Cloche du Tsar 11. Cathédrale de l'Assomption 12. Musée d'armes 13. Palais des Congrès 14. Arsenal 15. Le Goum (grand magasin d'État)

▲ Place Rouge

▲ Musée historique de l'État

▲ Cathédrale Saint-Basile

La cloche et le canon du Tsar

Cette cloche pèse 180 tonnes, et le canon 38 tonnes. On ne les utilise plus.

• Pour les parents

Des citadelles appelées kremlins occupaient, au Moyen-Âge, le centre de nombreuses villes russes. Un grand nombre d'entre elles existent encore dans certaines villes de l'ex-U.R.S.S., mais la plus connue est celle de Moscou. Le gouvernement de l'ex-U.R.S.S., le Soviet Suprême, siège au palais du Kremlin. Contrairement à une idée répandue, selon laquelle, à l'époque, personne ne pouvait en franchir les portes, chaque jour, de nombreux touristes le visitaient et venaient y admirer les objets datant de l'époque des tsars.

Que fait la statue de la Liberté dans le port de New York?

RÉPONSE La statue de la Liberté est le symbole de l'Amérique, le pays des hommes libres, mais elle fut en fait réalisée en France puis offerte aux États-Unis comme symbole de l'amitié française. L'idée de cette statue fut lancée par l'historien Édouard de Laboulaye; et c'est le sculpteur Frédéric Bartholdi qui la réalisa. Le président Grover Cleveland l'inaugura en 1886.

Du haut de ses 92 mètres, dans le port de New York, Miss Liberty salue depuis plus de 100 ans les visiteurs des côtes américaines.

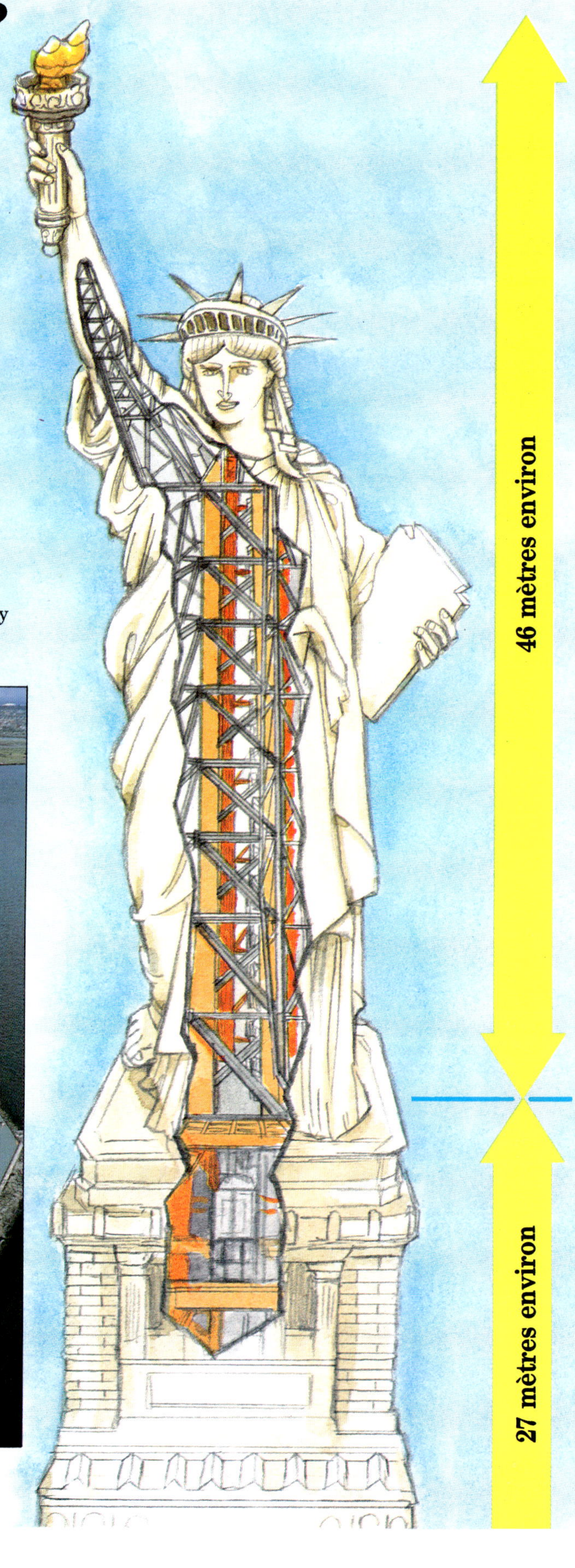

La statue fut conçue et fabriquée en France

La statue de la Liberté commémore l'amitié que la France manifesta à l'égard de l'Amérique et l'aide qu'elle lui accorda lors de son combat d'indépendance par rapport à la Grande-Bretagne, dans les années 1770. La France fut le seul pays à lui envoyer des troupes pour lui porter secours. Les dessins ci-contre décrivent les étapes de la mise en place de la statue.

▲ Bartholdi en modela d'abord une toute petite en argile. Puis il en fit une plus grande.

▼ La troisième mesurait le quart de la taille finale. Agrandie, elle servit à réaliser le modèle définitif.

▲ La tête fut la dernière pièce.

▼ Grâce à la maquette, la statue définitive fut coulée en cuivre.

▼ La statue terminée pesait 200 tonnes; elle fut embarquée, en morceaux, sur un navire français, via New York. Pour la monter, il fallut plusieurs années.

▶ Maintenus par une charpente en acier qui les empêchait de se déformer, les morceaux en cuivre furent réajustés et installés sur un socle construit auparavant par les Américains.

• Pour les parents

Au cours du siècle qui suivit son inauguration, la statue de la Liberté devint le symbole de l'Amérique, mais elle subit aussi de nombreux dommages; c'est grâce à des dons publics qu'elle fut restaurée. À l'occasion de son centenaire, le chef de la Justice fit prêter serment, sur l'île de la Liberté, à 5 000 nouveaux Américains, tandis qu'au même moment, à travers tout le pays, 20 000 autres nouveaux citoyens prêtaient eux aussi serment, grâce à une émission de télévision diffusée par satellite.

Pourquoi certains endroits d'Amérique deviennent-ils des parcs nationaux?

▲ **Yosemite: Californie.** On y trouve les chutes de Yosemite (739 mètres de hauteur — en seconde position dans le monde), d'impressionnantes falaises et des arbres à bois rouge vieux de plusieurs siècles.

▲ **Sequoia: Californie.** C'est le domaine des séquoias géants, une espèce à bois rouge qui compte parmi les plus vieux et les plus grands spécimens de l'espèce végétale. Nombre d'entre eux ont de 3 à 4 000 ans et certains ont un diamètre de plus de 9 mètres.

RÉPONSE En Amérique, certains espaces naturels ont été, du fait de leur très grande beauté ou importance historique, et dans un souci de protection, déclarés parcs nationaux. Ils sont ouverts aux touristes. Il en existe aussi dans certains autres pays, notamment en France.

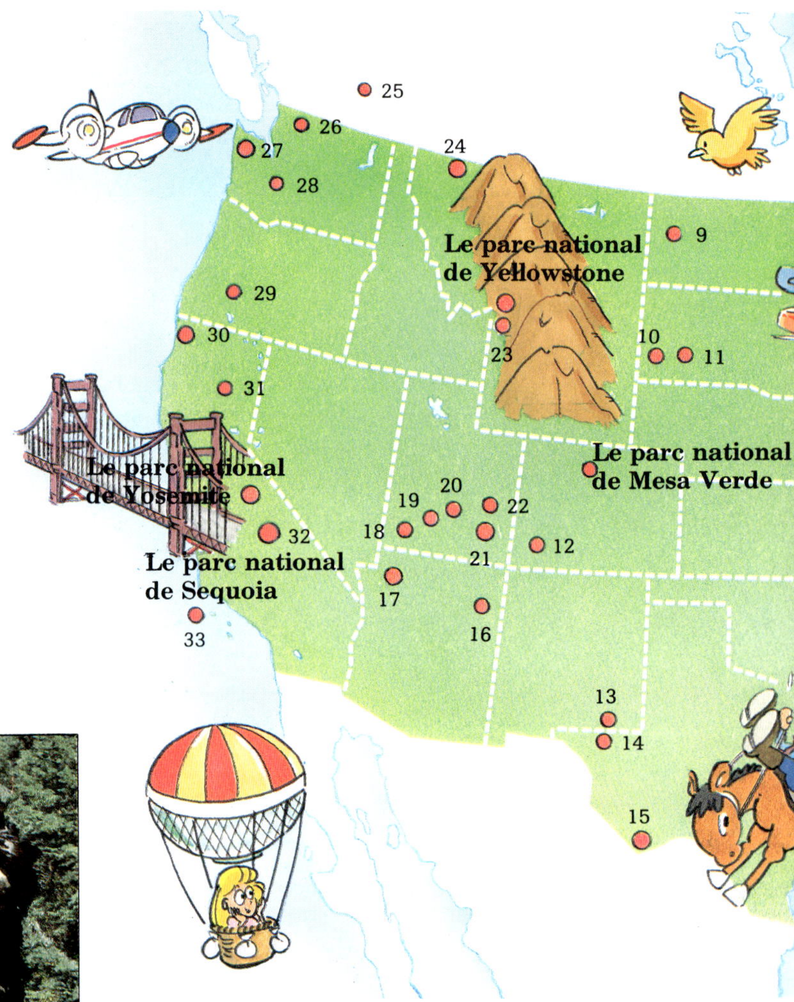

Des trésors nationaux

Il existe des parcs nationaux sur tout le territoire des États-Unis, de l'Alaska à Hawaï et aux îles Vierges américaines. C'est le Congrès des États-Unis qui décide quelles régions doivent être déclarées parcs nationaux. Ils sont actuellement à peu près cinquante, qui reçoivent des millions de visiteurs chaque année et constituent une importante source de revenus pour le pays.

Yellowstone: Wyoming, Montana et Idaho. Ce fut le premier parc national et c'est le plus grand. Il compte 10 000 geysers, dont le célèbre Old Faithful (le « Vieux Fidèle »). C'est le règne de la vie sauvage, des lacs, des rivières et des chutes d'eau. Malheureusement, en 1988, le feu détruisit des milliers d'hectares de forêt — il faudra des années pour que la végétation repousse !

Mesa Verde: Colorado. Ce parc fut créé en 1906, sur un terrain réputé très accidenté, pour protéger des gratte-ciel d'une grande valeur historique: ils furent construits à cet endroit par les Indiens Pueblo, bien avant la fameuse découverte de l'Amérique par Christophe Colomb.

Everglades: Floride. Ce parc est une immense bande marécageuse s'étendant à travers le sud de la Floride. Son climat tempéré et la grande quantité d'eau qui le baigne favorisent une végétation luxuriante et une vie animale propre aux marais, dont des alligators.

1. Acadia
2. Shenandoah
3. Biscayne
4. Great Smokies
5. Hot Springs
6. Mammoth Cave
7. Isle Royale
8. Voyageurs
9. Theodore Roosevelt
10. Wind Cave
11. Badlands
12. Montagnes Rocheuses
13. Carlsbad Caverns
14. Guadaloupe Mountains
15. Big Bend
16. Forêt Pétrifiée
17. Grand Canyon
18. Zion
19. Bryce Canyon
20. Capitol Reef
21. Canyonlands
22. Arches
23. Grand Teton
24. Glacier
25. Mount Revelstoke
26. North Cascades
27. Olympic
28. Mount Rainier
29. Crater Lake
30. Redwood
31. Lassen Volcanic
32. Kings Canyon
33. Channel Islands

Pour les parents

Les parcs nationaux américains sont gigantesques. Celui de Yellowstone est, à lui seul, presque deux fois aussi grand que l'État de Delaware. Il est donc impossible de parcourir la plupart d'entre eux à pied. Pour admirer les sites, les visiteurs se déplacent en général en car ou en bus, voire, dans certains cas, en avion ou en hélicoptère. Les panneaux de signalisation de ces parcs utilisent des symboles internationaux qui permettent aux visiteurs étrangers de facilement les comprendre.

Comment s'est formé le Grand Canyon?

RÉPONSE Le Grand Canyon, en Arizona, a plus de 350 km de long et atteint, à certains endroits, 1 620 m de profondeur. Cette gorge impressionnante a été taillée, sur une période de plusieurs millions d'années, par le cours impétueux du fleuve Colorado, qui, actuellement encore, érode continûment la roche.

Le Grand Canyon

À l'origine, le Grand Canyon était un plateau de plus de 1,6 km d'altitude. Mais, pendant de nombreux millions d'années, le Colorado en usa la roche la plus tendre pour finalement sculpter le canyon. Le courant du Colorado est si puissant qu'aujourd'hui encore il arrache, chaque jour, à son lit, plus de 350 000 tonnes de sable et de terre, sur toute la longueur de ses berges.

Au fur et à mesure que le canyon se creusait, ses rives prenaient des formes variées, en fonction de la dureté des roches qui les composaient. L'érosion en fit, à certains moments, des falaises abruptes, à d'autres, des talus en pente douce ; si bien que, tandis que l'immense canyon se formait, ses berges adoptaient des allures de gigantesque escalier. Le spectacle actuel est absolument grandiose.

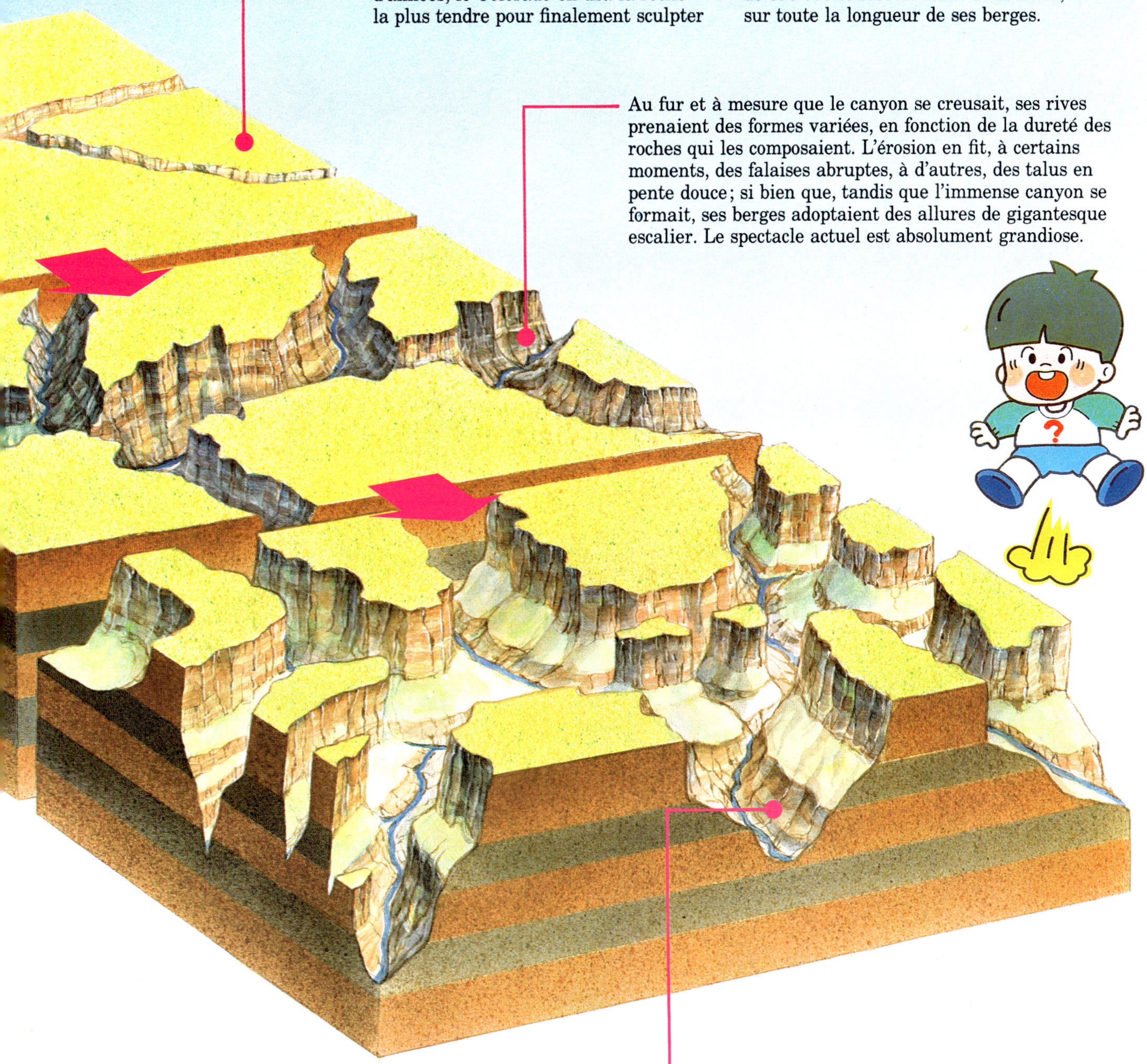

De nombreux fossiles ont été découverts dans les couches rocheuses qui furent mises à nu au cours de la formation du canyon. Les géologues pensent que la couche la plus basse, donc la plus ancienne, date d'environ 570 millions d'années, car des fossiles d'animaux aquatiques y ont été retrouvés. Des fossiles de cycades, un type de fougères, ont aussi été découverts dans des couches estimées vieilles de 280 millions d'années. Les strates du Grand Canyon indiquent dans cette région une alternance, au cours du temps, de périodes sèches et de périodes d'inondation par les eaux. Le Grand Canyon est un précieux laboratoire.

• Pour les parents

Le Grand Canyon est un magnifique décor naturel et c'est sans doute le mieux connu de tous les parcs nationaux d'Amérique. Le canyon proprement dit est une immense gorge. Les visiteurs suivent, en général à dos de mulet, des pistes qui vont du sommet au fond du canyon. Les fossiles mis à nu dans les couches des roches stratifiées affleurant aux talus du canyon sont ceux d'aiguilles de conifères, de libellules, et même de requins, ce qui prouve sans conteste que ces régions ont été alternativement des fonds marins et des reliefs forestiers. Le Grand Canyon est un exemple frappant de chef-d'œuvre dû à la nature et le révélateur de la capacité de cette dernière à se transformer.

Pourquoi a-t-on sculpté ces têtes dans la montagne?

RÉPONSE Les portraits des présidents Washington, Jefferson, Lincoln et Théodore Roosevelt ont été taillés dans la roche du mont Rushmore dans le sud du Dakota, pour symboliser, respectivement, la naissance de la nation, sa philosophie politique, sa continuité et son intégrité ainsi que son expansion et sa très grande puissance. Ils recoivent plus d'un million de visiteurs par an.

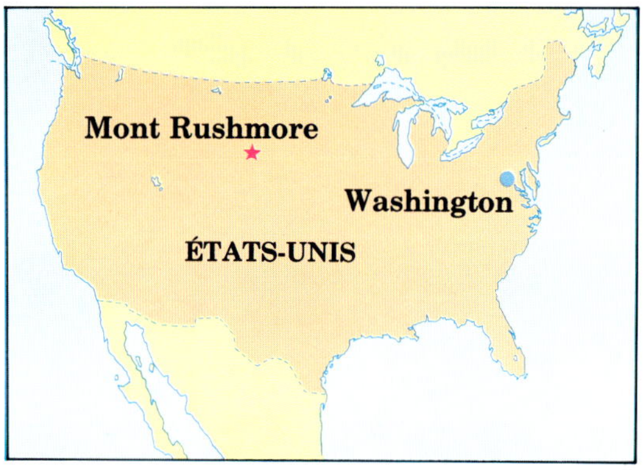

Mémorial national
Les quatre présidents sont, de gauche à droite, George Washington, Thomas Jefferson, Théodore Roosevelt et enfin Abraham Lincoln.

Qu'ont laissé à l'Amérique ces quatre présidents?

George Washington (1732-1799)

C'est lui qui, lors de la guerre d'Indépendance des États-Unis, mena le peuple américain à la victoire. Il participa à l'élaboration de la Constitution des États-Unis et en fut le premier président.

Thomas Jefferson (1743-1826)

Il est l'auteur de la Déclaration de l'Indépendance (1776). Cet aristocrate, qui fit des études de droit, siégea au Congrès américain avant de devenir, en 1800, le troisième président des États-Unis.

Une tête monumentale

La tête de Washington mesure environ 18 m de haut. À la même échelle, la statue en pied du premier président des États-Unis mesurerait environ 142 m.

Pour les parents

Le sculpteur Gutzon Borglum commença à sculpter le gigantesque monument du mont Rushmore en 1927. Mais, constamment retardé par le mauvais temps et le manque d'argent, il ne vécut pas suffisamment longtemps pour pouvoir le terminer. C'est son fils, Lincoln, qui acheva en son nom cette œuvre dont la réalisation totale prit en fin de compte plus de 14 ans.

Abraham Lincoln (1809-1865)

Son élection à la présidence des États-Unis, sur un programme antiesclavagiste, en 1860, conduisit à la sécession du Sud. En 1861, pour préserver l'Union, il engagea son pays dans la guerre.

Theodore Roosevelt (1858-1919)

À la fois conservateur et ardent supporter des lois progressistes destinées à venir en aide aux plus défavorisés, il écarta aussi toute intervention non américaine dans les affaires d'Amérique latine.

Comment la forêt Pétrifiée s'est-elle formée?

RÉPONSE Il y a 20 millions d'années, une grande partie de ce qui est actuellement l'Arizona était couverte d'une vaste forêt dont les arbres finirent par s'abattre et être recouverts d'une couche de terre et de sable. Au cours des millions d'années qui suivirent, un processus appelé pétrification les transforma en une matière aussi dure que de la roche. Puis, l'érosion fit réapparaître les arbres pétrifiés. La forêt s'étend sur près de 400 km^2.

▶ Ces arbres fossilisés, donc faits de pierre, ont réellement vécu... il y a des millions d'années.

Ça s'est passé comme ça

Il y a 200 millions d'années, la partie est de l'Arizona était couverte d'une immense jungle de fougères, de pins et de cèdres. Elle avait une tout autre apparence que maintenant.

Les arbres finirent par mourir et s'effondrer. Balayés, pendant la préhistoire, par un gigantesque flot, ils furent entraînés dans des dépressions et recouverts de broussailles et de terre.

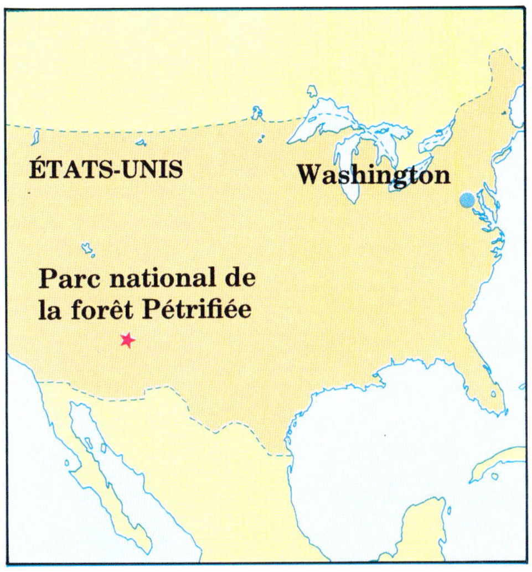

Pour les parents

La forêt Pétrifiée est à la lisière d'une région appelée Painted Desert. On pense que les arbres se sont fossilisés à cause de la nature du sol dans lequel ils s'enfoncèrent. Cela retarda le pourrissement et laissa aux arbres le temps de se pétrifier. Ce processus transforme les fibres naturelles du bois en silice. Le processus est souvent tellement minutieux que la structure de l'arbre reste, intérieurement et extérieurement, parfaitement intacte.

Une épaisse couche de terre et de sable s'amassa et recouvrit les arbres morts, qui, en se décomposant, se transformèrent en un fossile qui ressemble à de la pierre: le bois pétrifié.

Au fil des millions d'années, la couche de roches et de sable le recouvrant fut balayée par les pluies; et les arbres pétrifiés émergèrent et devinrent visibles — comme ils le sont toujours.

Quelles sont les plus hautes cascades?

RÉPONSE Les cascades les plus hautes du monde sont les chutes d'Angel, situées sur le cours supérieur de la rivière Caroni, au Venezuela, dans une région pluvieuse de la forêt tropicale d'Amérique du Sud. Hautes de 979 mètres, elles doivent leur nom à James A. Angel, pilote américain qui les découvrit par hasard, en 1937, après avoir effectué un atterrissage forcé.

La cascade effectue une spectaculaire chute par paliers, depuis le plateau de Guyane. Le plus haut palier se situe à 807 mètres.

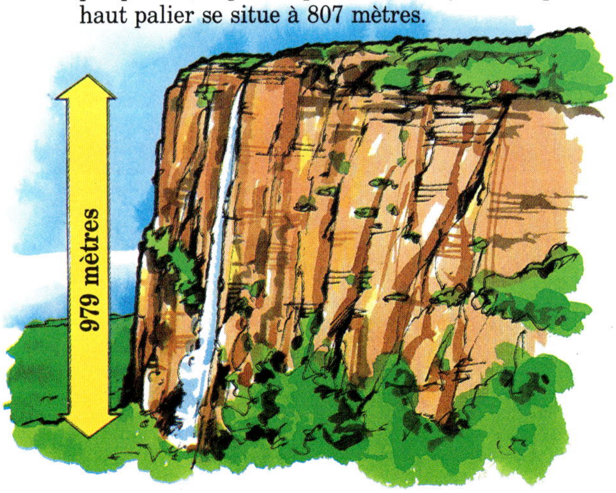

Pour les parents

Les chutes du Niagara ont deux cascades, dont la plus haute est seulement de 51 mètres. Mais elles sont célèbres parce qu'elles sont à la frontière des États-Unis et du Canada et donc faciles à atteindre et qu'elles ont un débit considérable. En revanche, les chutes d'Angel, qui sont presque 20 fois plus hautes que celles du Niagara, reçoivent peu de visiteurs... Il leur faut, il est vrai, cinq jours de voyage en bateau pour les atteindre!

En quoi consistent les cascades?

1 Il arrive que le fleuve de lave jailli d'un volcan vienne stopper le cours supérieur d'une rivière ou d'un fleuve et créer un lac. Quand l'eau du lac passe par-dessus ce barrage naturel, elle dévale en cascade.

2 Si un cours d'eau impétueux a considérablement creusé son lit et qu'un affluent au cours calme, incapable de provoquer une telle érosion, le rejoigne une cascade se créera au point d'intersection.

3 Une partie du lit d'un cours d'eau peut être formée de roche dure qui s'érode moins vite que la roche tendre voisine. Le flot arrache d'abord la roche tendre et alors une cascade se forme.

Une cascade peut se déplacer

La puissance des flots qui dévalent les chutes du Niagara est si importante qu'ils emportent avec eux le terrain rocheux; si bien que les chutes se déplacent vers le cours supérieur de la rivière, à une vitesse d'environ 1 mètre par an.

▼ Le trajet des chutes du Niagara

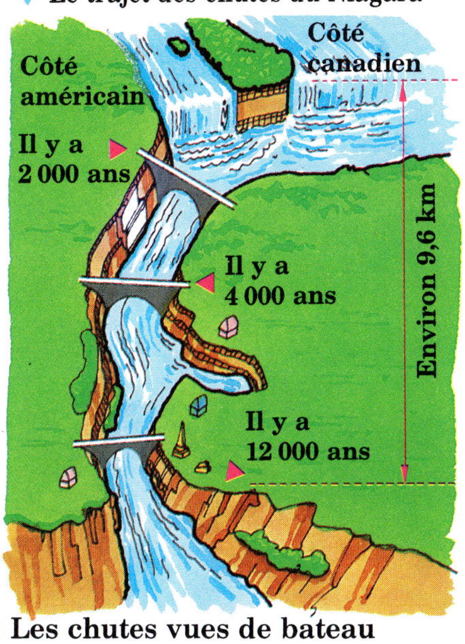

◀ Les chutes vues de bateau

Comment une cascade érode la roche

L'eau précipite violemment les éclats de roche dure contre la roche plus tendre proche du pied de la cascade.

L'eau, en heurtant la roche du bas, l'arrache progressivement. Cela peut durer pendant des millions d'années.

Du fait de l'érosion de la roche du dessous, la roche du dessus perd son support et croule sous le poids de l'eau.

La cité perdue des Andes existe-t-elle vraiment?

RÉPONSE Oui, et son nom est Machu Picchu. C'est une ancienne ville située tout en haut des montagnes des Andes, au Pérou. On croit que les Incas la bâtirent parce qu'ils pensaient que c'était la cachette idéale contre les envahisseurs espagnols.

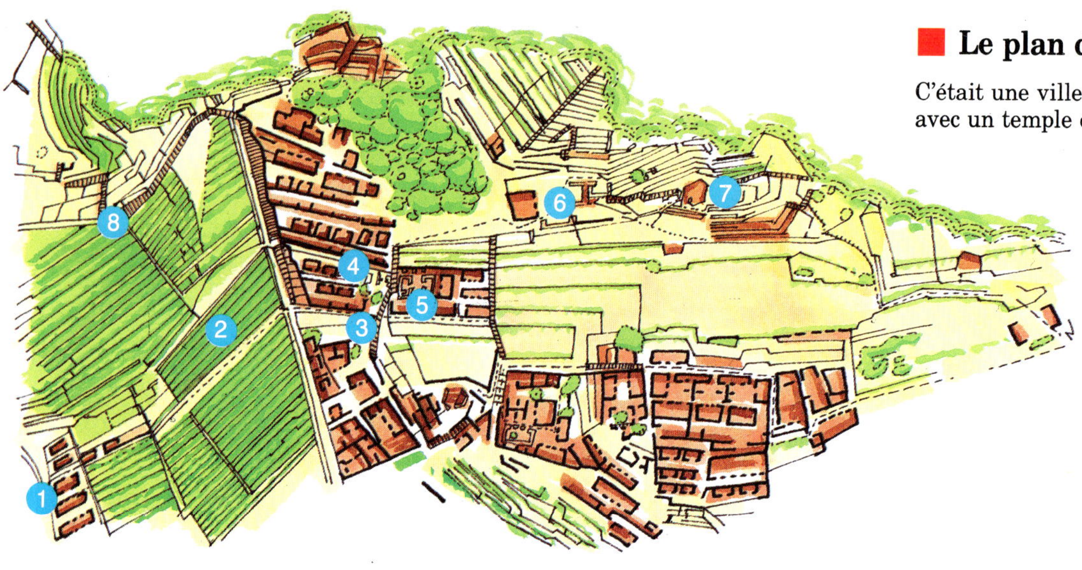

Le plan de Machu Picchu

C'était une ville très bien organisée, avec un temple et une place centrale.

1. Poste de surveillance
2. Champs en terrasses
3. Alimentation en eau
4. Palais de la reine
5. Palais du roi
6. Temple sacré
7. Pierre de culte
8. Porte principale

L'empire des Incas

L'empire inca était le fruit d'une civilisation très sophistiquée qui se développa durant environ 200 ans, à partir XIIIe siècle. En 1532, pourtant, il fut pillé et complètement détruit par les envahisseurs espagnols qui débarquèrent en Amérique du Sud en comptant y trouver de l'or. Cuzco était le cœur de cet empire.

Temple dédié à la reine et au Soleil

Ruines d'habitations ordinaires

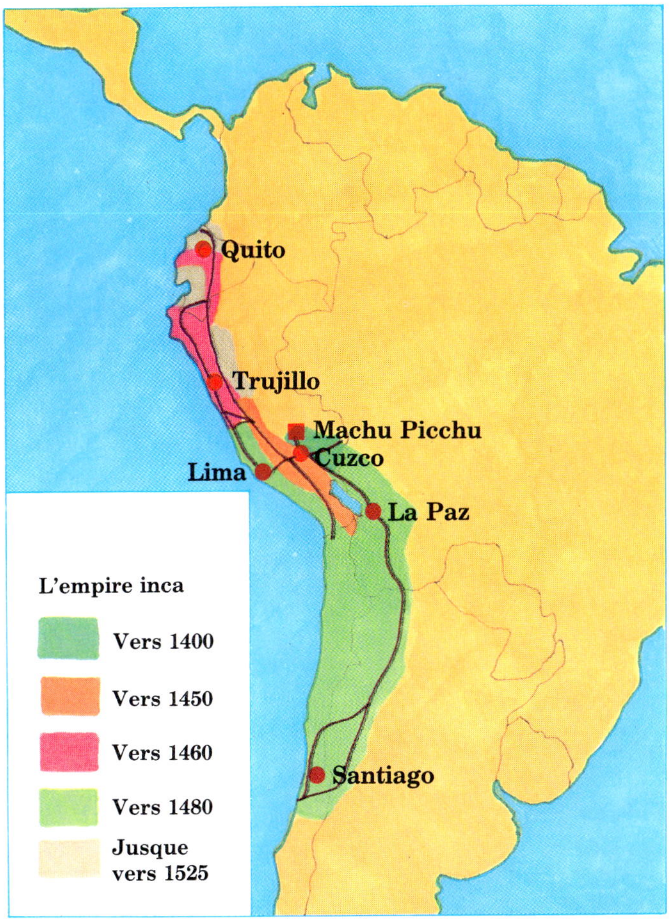

La culture inca: d'un extrême à l'autre

Les techniques de construction des Incas étaient particulièrement en avance sur leur temps; c'est du moins ce que l'étude des restes de leurs édifices permet d'affirmer. En revanche, le peuple inca n'a jamais possédé le moindre système d'écriture.

Certaines routes étaient bordées de murs.

Les quipus racontent des histoires.

Pour les parents

Machu Picchu, indice historique essentiel, nous est parvenu dans un état presque parfait. On a émis diverses hypothèses à propos de Machu Picchu: était-ce la principale base fortifiée de l'empire inca dans toute la région de l'Amazone; une ville construite à des fins religieuses; ou encore une ville mystérieuse dont la véritable signification reste à découvrir? Il existe peu de vestiges susceptibles de nous éclairer quant aux mystères entourant la culture inca. Et il n'y a pas un seul être vivant capable de déchiffrer le sens du quipu.

Pourquoi y a-t-il tant d'animaux bizarres sur les îles Galápagos ?

RÉPONSE Des éruptions volcaniques au niveau des fosses marines sont à l'origine des îles Galápagos, ce monde qui, depuis des millions d'années, existe à des lieues de tout autre continent et est, par là même, libre de toute influence. On y trouve des formes de vie qui n'existent nulle part ailleurs. Selon certaines théories, les oiseaux auraient, après les éruptions, volé jusqu'aux îles, tandis que les autres animaux y seraient arrivés sur des bois flottants.

▶ **Une frégate.** Le mâle a un jabot rouge, comme une bourse, sous le cou. La femelle n'en a pas.

▼ **Un iguane terrestre.** Ce gros reptile vit sur les feuilles charnues des cactus. Il se dore au soleil et ne semble pas avoir peur des humains.

▲ **Une tortue géante.** On prétend que certaines de ces énormes tortues finissent par peser de 225 à 275 kg.

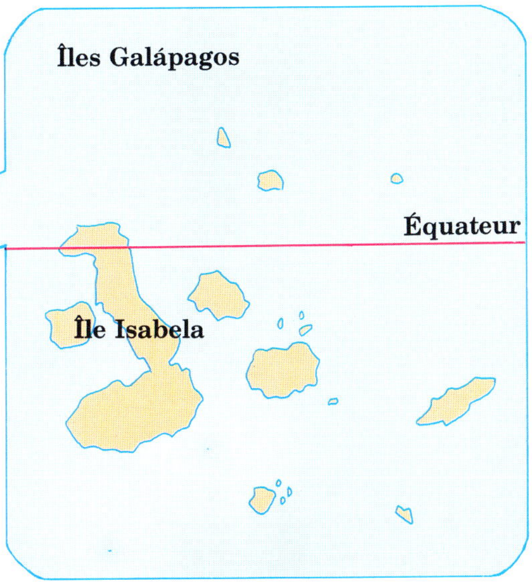

Les îles Galápagos

Bien que situées sur l'équateur, les îles Galápagos sont baignées par des courants marins froids. L'eau douce y est rare et le sol rocheux et couvert d'une maigre végétation. L'activité volcanique y est encore intense.

Les pingouins des Galápagos

Comme les courants maintiennent tout autour la température de l'océan aux environs de 15 °C, les pingouins et les phoques, qui aiment cela, sont nombreux sur les îles Galápagos.

Darwin et les îles Galápagos

Charles Darwin est célèbre pour sa théorie de l'évolution. Il visita les Galápagos, et ce sont les animaux qu'il étudia là-bas qui lui inspirèrent son ouvrage « De l'origine des espèces », dans lequel il explique comment les animaux ont évolué au cours des temps.

▲ Charles Darwin

Le premier passereau des îles Galápagos

Celui-ci ne mange que des plantes et des larves.

Celui-ci aime les larves cachées dans les cactus.

Quant à celui-là, il ne mange que des plantes.

▲ Aux Galápagos vivent différents types de passereaux dont les becs ont des tailles adaptées à leur nourriture habituelle. On pense cependant qu'ils sont tous issus de la même espèce mais ont évolué dans différentes directions au cours des temps. C'est ce processus d'évolution que Darwin tenta d'expliquer.

● Pour les parents

« Galápagos » est un ancien terme espagnol désignant les grosses tortues terrestres qu'on trouve uniquement sur ces îles. Ces tortues sont apparemment des vestiges de créatures préhistoriques ayant vécu là-bas avant elles. L'iguane marin se nourrit d'une espèce de plante marine qui pousse seulement sur ces îles — il est pour cette raison unique au monde. Bien qu'inquiétantes en apparence, les créatures des Galápagos ne sont ni agressives ni d'ailleurs craintives face aux humains. Il est aisé de saisir comment ce lieu a pu inspirer Charles Darwin.

Quel est le mystère de l'île de Pâques?

RÉPONSE Sur l'île de Pâques, loin dans le Pacifique Sud, se trouvent plus de 600 gigantesques statues de pierre sculptées de visages humains. Que font-elles là en si grand nombre? Qui parvint à les dresser sur l'île? Et surtout comment? C'est un mystère!

Les statues de l'île de Pâques. L'un des faits les plus étranges les concernant est qu'elles sont tournées face à l'intérieur des terres, dos à la mer. Presque toutes ces statues ne représentent que des bustes.

Comment les statues furent-elles exécutées et mises en place?

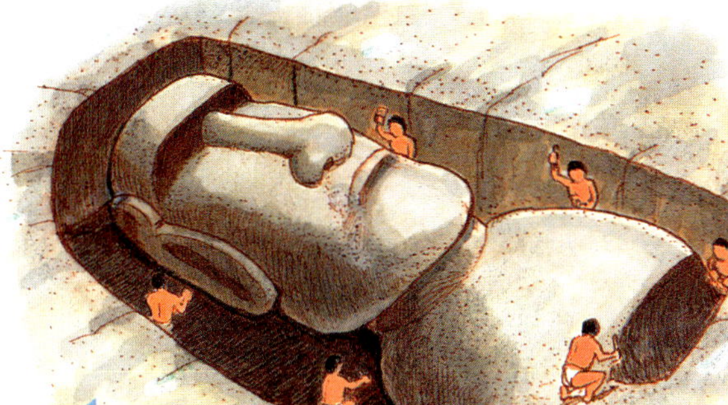

1

▲ D'abord, une immense tranchée calquée sur les contours de la statue était creusée dans la roche tendre de la colline. Puis les tailleurs de pierre descendaient dans le trou et sculptaient les bras, les mains et le visage, l'arrière de la tête et du corps étant alors encore fixés à la roche.

2

▶ Le dos de la statue était ensuite taillé. Puis on relevait le bloc sculpté et on le replaçait dans son trou, dos à la mer.

3

◀ On entassait finalement des graviers et du sable derrière la statue pour la retenir. Les pierres mesuraient jusqu'à 15 mètres de haut.

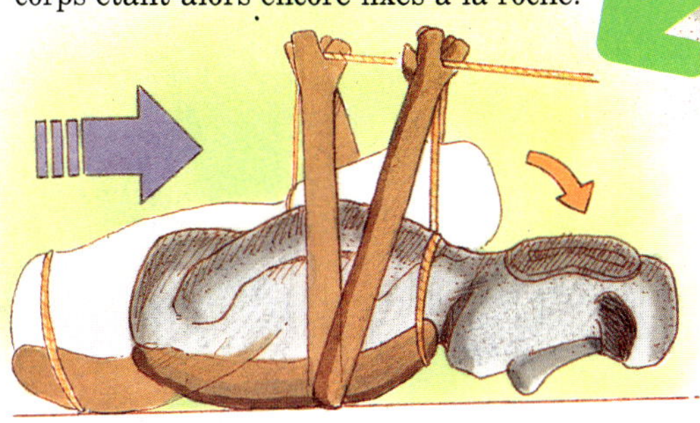

▲ 4

On pense que les statues étaient déplacées grâce à un engin de bois, construit pour la circonstance, qui était fixé à la statue pour en faire une sorte de rocking-chair. Un filin était passé autour du cou de la statue et soutenu par deux poutres installées en oblique. On tirait sur le filin, puis on le relâchait, pour donner à la statue un mouvement de bascule qui la faisait se déplacer sur le sol.

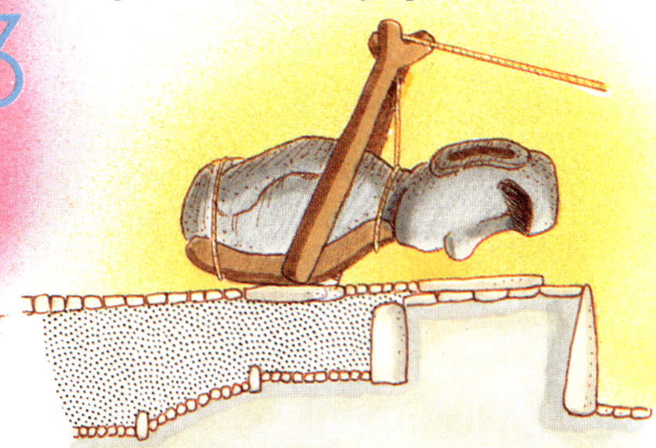

▲ On tirait la statue jusqu'à sa destination définitive. 5

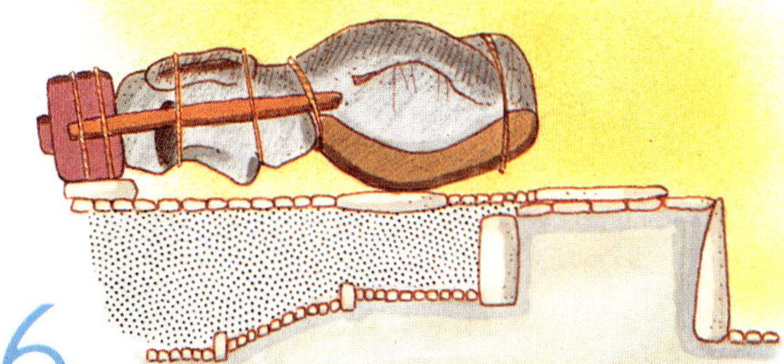

▶ On la retournait en se servant d'une partie de l'engin de bois au niveau des points d'appui. Parfois, on fixait un couvre-chef rouge sur la tête de la statue de pierre. 6

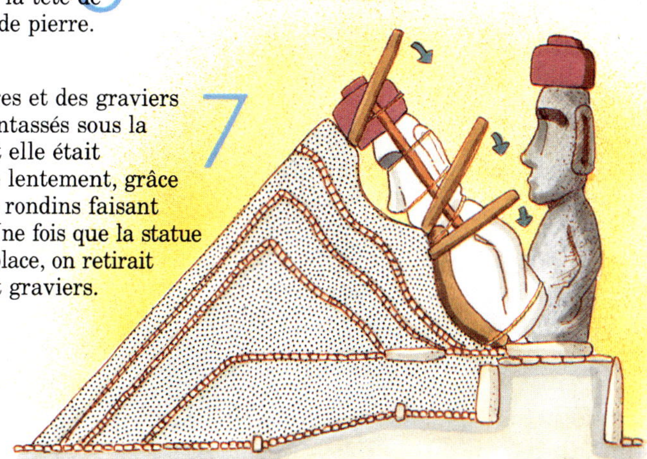

▶ Des pierres et des graviers étaient entassés sous la statue, et elle était redressée lentement, grâce à de gros rondins faisant leviers. Une fois que la statue était en place, on retirait pierres et graviers. 7

• Pour les parents

L'île de Pâques tire son nom du fait qu'on l'a découverte le jour de Pâques, en 1722. Elle est célèbre pour ses immenses statues de pierre et pour les ruines de ses murs colossaux, faits de pierre eux aussi. Les statues ont entre 1 et 12 mètres de hauteur. Certains pensent qu'elles représentaient des personnages importants qu'on voulait déifier après leur mort. Mais ce n'est qu'une conjecture. Les anciens habitants de l'île furent tous capturés et asservis ou bien décimés par les maladies que les bateaux apportèrent sur l'île.

Comment était l'intérieur des pyramides?

RÉPONSE Les Égyptiens croyaient qu'après la mort on renaissait dans un autre monde — c'est ce qu'on appelle la réincarnation. Ils pensaient notamment que les pharaons de l'Égypte ancienne renaîtraient pharaons. Après leur mort, ils embaumaient donc leurs corps et les plaçaient dans des pyramides contenant, outre des chambres funéraires, un système d'aération et de nombreux couloirs.

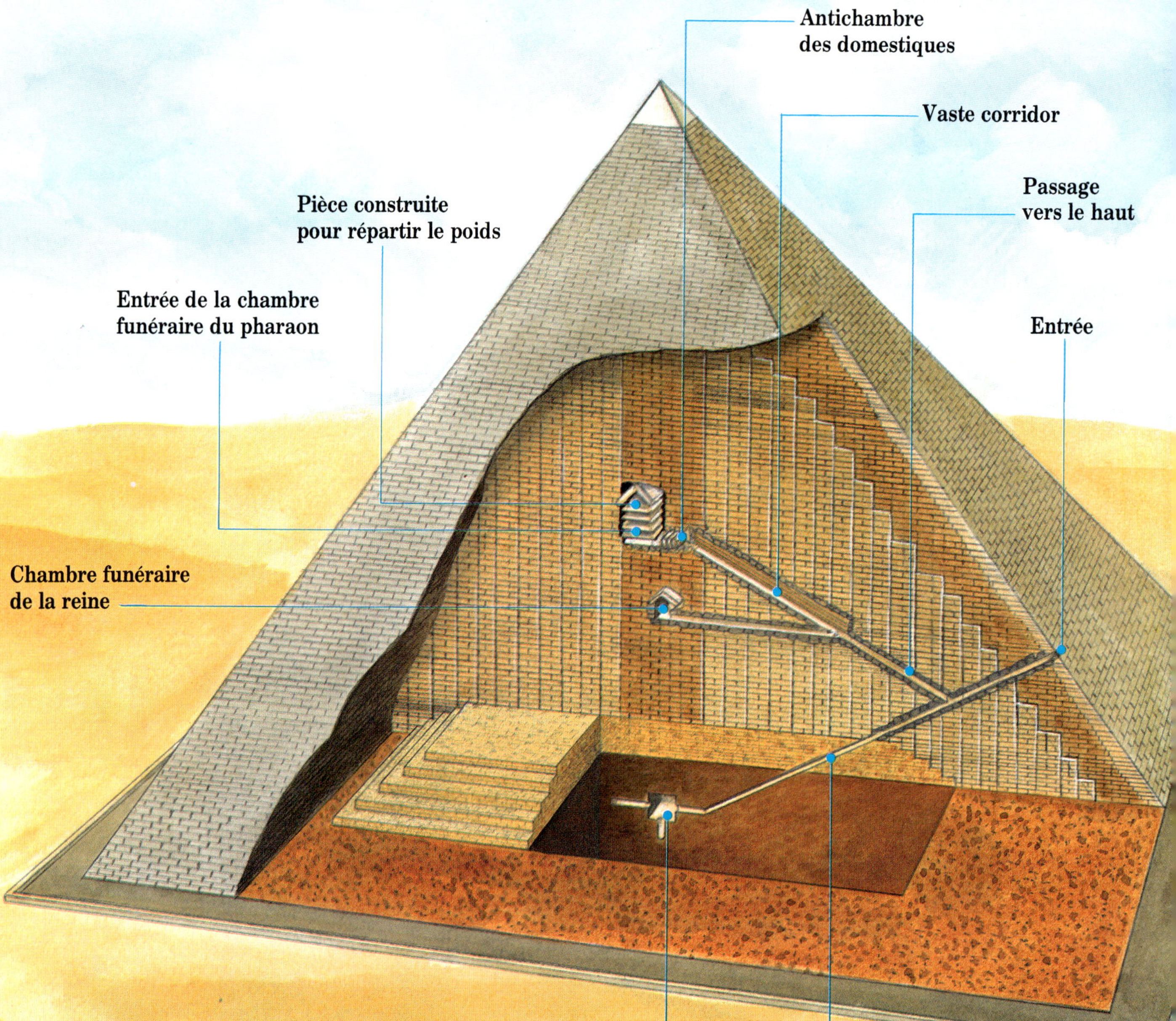

Ce dessin représente l'intérieur de la grande pyramide de Gizeh, près du Caire. C'était la tombe du pharaon Khoufoui, ou Chéops. Environ 80 pyramides furent bâties en Égypte. La plus ancienne date d'il y a environ 4 500 ans et on la visite encore de nos jours.

Le Sphinx, une créature mythique à corps de lion et à tête humaine, monte la garde à côté des pyramides.

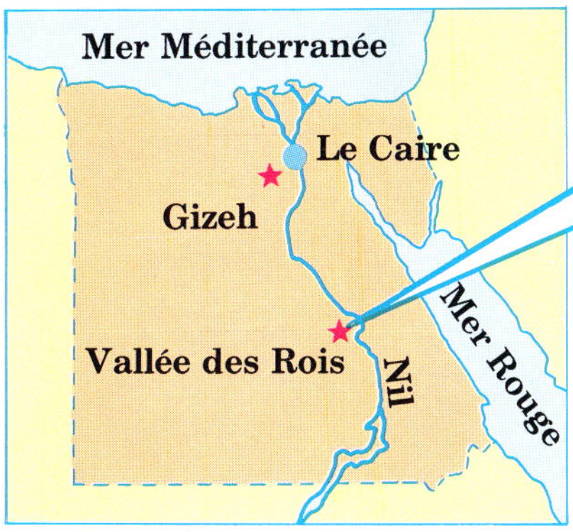

Les premiers tombeaux furent violés par des pilleurs de tombes, si bien qu'ensuite on les construisit dans une vallée du cours supérieur du Nil, loin du Caire, à laquelle on donne aujourd'hui le nom de vallée des Rois.

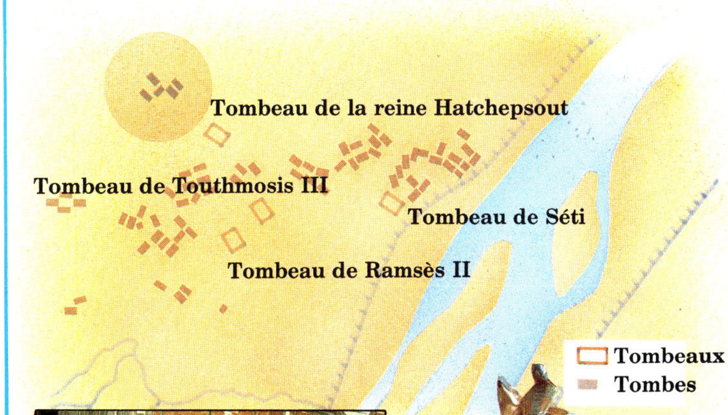

Décorations d'un tombeau

Masque d'or de Toutankhamon

Les tombeaux célèbres

À travers toute l'Histoire, et dans toutes les régions du monde, de puissants souverains ont pris l'initiative de se faire bâtir, de leur vivant, des tombeaux grandioses destinés à graver dans la mémoire du peuple le souvenir de leur grandeur.

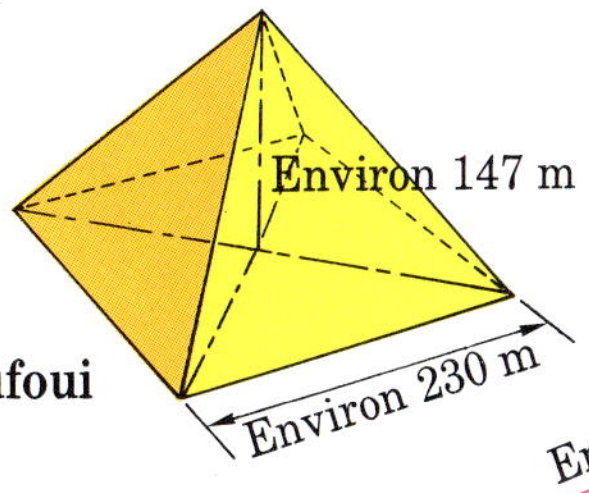

Pyramide du pharaon Khoufoui

Tombeau impérial, au Japon

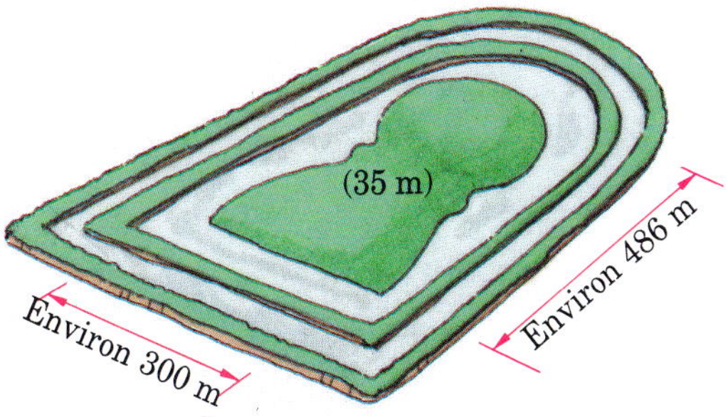

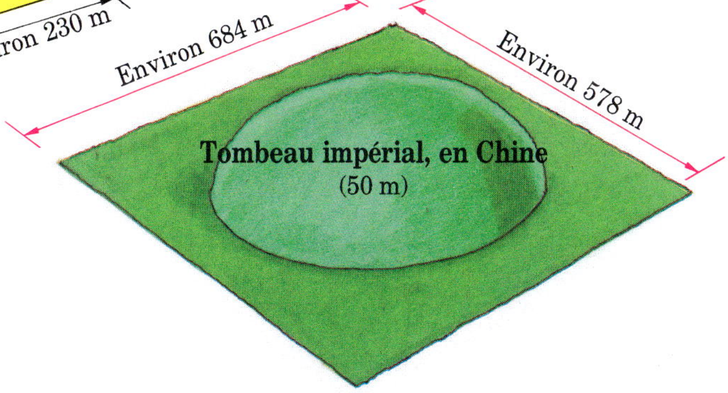

Pour les parents

La pyramide du pharaon Khoufoui fut construite en assemblant plus de 2 500 000 blocs de pierre, pesant chacun près de 2 tonnes. La construction dura 25 ans. Les Égyptiens croyaient qu'ils renaîtraient dans un autre monde après leur mort. C'est pourquoi ils momifiaient leurs pharaons et les enterraient avec leurs biens les plus précieux.

Combien mesure le Sahara ?

RÉPONSE Le Sahara est le plus grand désert du monde. Il couvre presque un quart du continent africain et s'étend sur 5 600 km d'est en ouest et 1 700 km du nord au sud. Il traverse 12 pays différents.

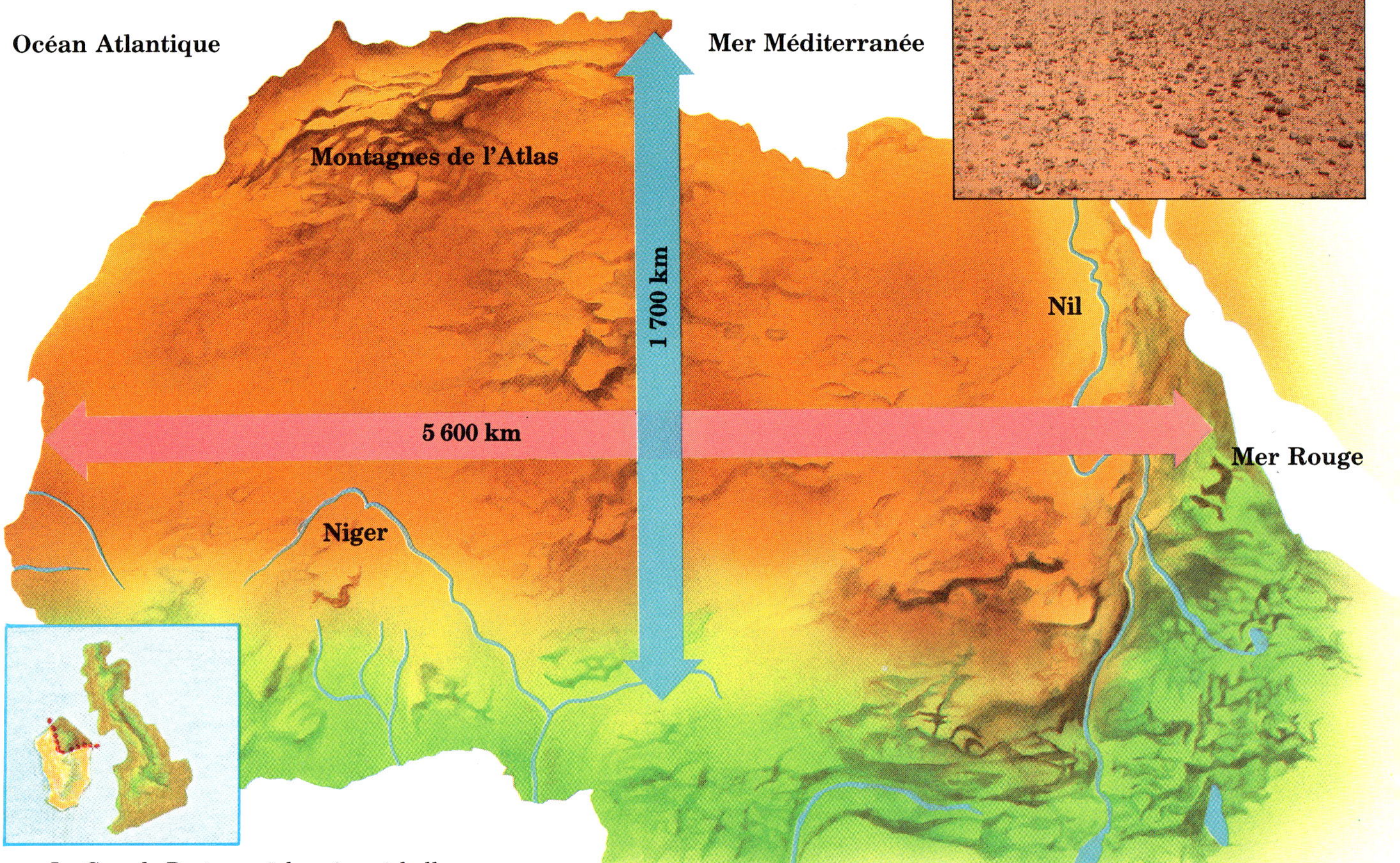

La Grande-Bretagne à la même échelle

Les animaux du Sahara

Le niveau des précipitations que reçoit le Sahara est pratiquement nul. C'est la raison pour laquelle très peu d'animaux et très peu de plantes peuvent y survivre — on n'en trouve d'ailleurs à peu près que dans les zones bénéficiant de quelques rares pluies. Le soleil est tellement intense et la chaleur si accablante, dans le désert, que la plupart des animaux y creusent des trous pour s'y tapir pendant le jour et n'en sortir pour chercher de la nourriture que pendant la nuit, quand il fait plus frais.

La vipère cornue. Elle a une façon très personnelle de se mouvoir. Elle fait un S avec son corps et se déplace sur le sable en glissant vers le côté.

Le renard du Sahara. Pendant le jour, il reste au frais dans un tunnel qu'il a creusé dans un monticule de sable. Il ne sort que quand le soleil est couché.

Pourquoi ne tombe-t-il pas plus de pluie dans le désert?

La plupart des déserts du monde s'étendent dans des régions situées juste au nord ou juste au sud de l'équateur. Quand l'air sec des zones désertiques rencontre l'air humide venant de l'équateur, cela produit des nuages. Ces nuages déversent d'énormes quantités de pluie juste en dessous de leur lieu de formation. Ensuite, débarrassé de son humidité, l'air sec s'élève, décrit un immense arc et retourne vers la Terre au niveau du désert. Il ne contient plus alors la moindre goutte d'eau qui puisse donner de la pluie. C'est pourquoi les déserts sont des régions si sèches et si arides.

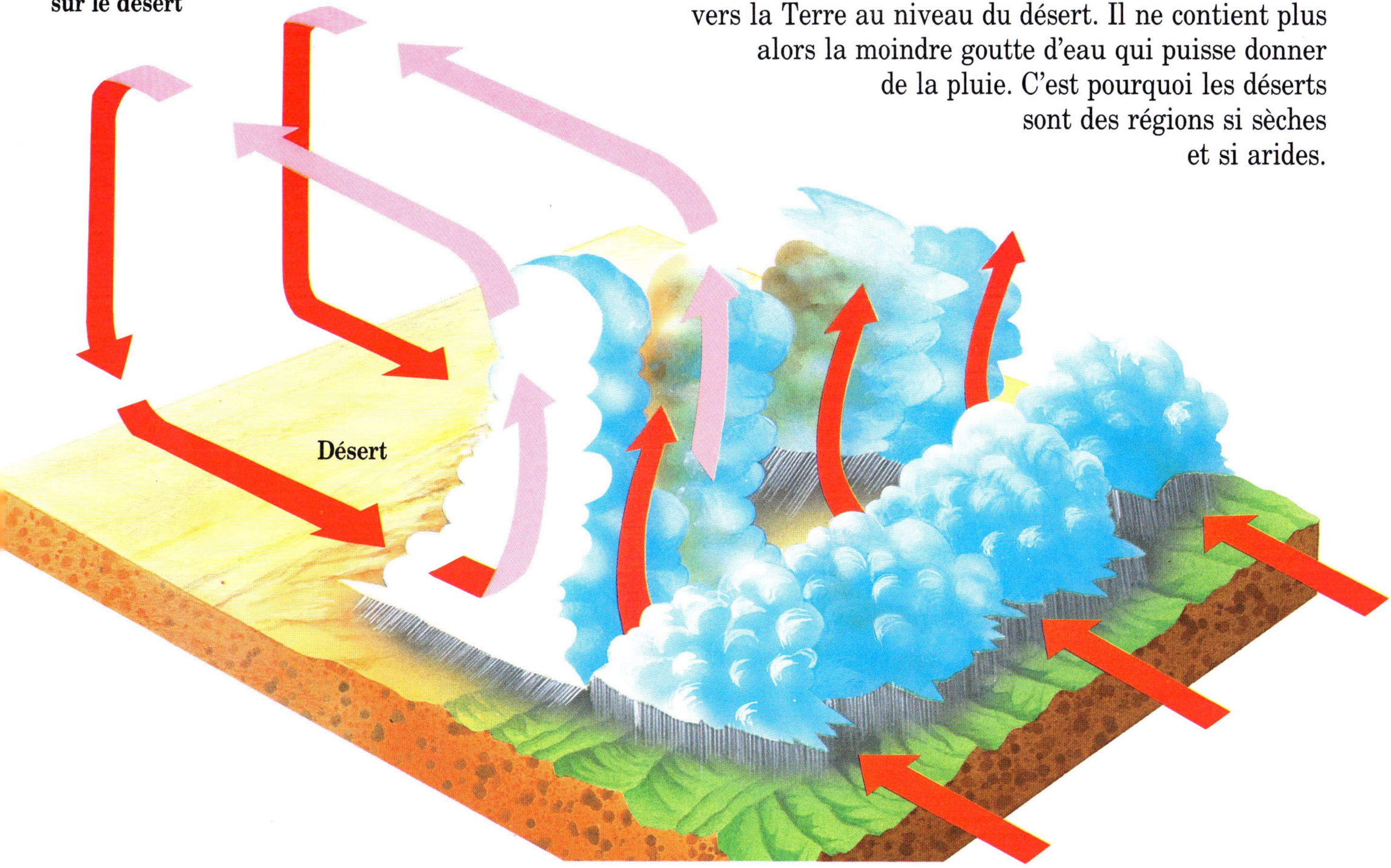

▲ **Le scorpion du désert.** Sa queue possède un dard mortel. Il sort lui aussi après le coucher du soleil, pour capturer et tuer les insectes dont il se nourrit.

▲ **La gerboise.** Également appelée rat sauteur, elle a de puissantes pattes postérieures grâce auxquelles elle fait des bonds de plus de 6 mètres dans le sable.

• Pour les parents

Sahara vient du mot arabe qui signifie désert. Ce désert s'étend de la mer Rouge à l'océan Atlantique et il est plus vaste que la mer Méditerranée. Son taux de précipitations pratiquement nul ne favorise pas l'existence des plantes, qui y sont très rares. Rares sont aussi les animaux qui y vivent; et ce sont surtout des animaux nocturnes et des reptiles. Le fruit du dattier, que l'on trouve en général dans et autour des oasis, constitue souvent la maigre pitance des habitants du désert.

Pourquoi a-t-on construit un barrage à Assouan?

RÉPONSE Seules 3,6 % des terres de l'Égypte sont cultivables. Le reste est désertique. Jadis, pourtant, pendant la saison des pluies, le pays était régulièrement dévasté par les gigantesques crues du Nil. Le barrage d'Assouan a résolu ce problème. À la saison des pluies, quand le Nil atteint son plus haut niveau, le barrage retient une partie de son eau. À la saison sèche, cette eau est libérée pour permettre l'irrigation.

Actuellement, dans le bassin du Nil, les fermiers peuvent cultiver leurs terres toute l'année et obtenir trois récoltes. La construction du barrage d'Assouan a mis fin au cycle de famines et de crues qui régissait le pays depuis toujours.

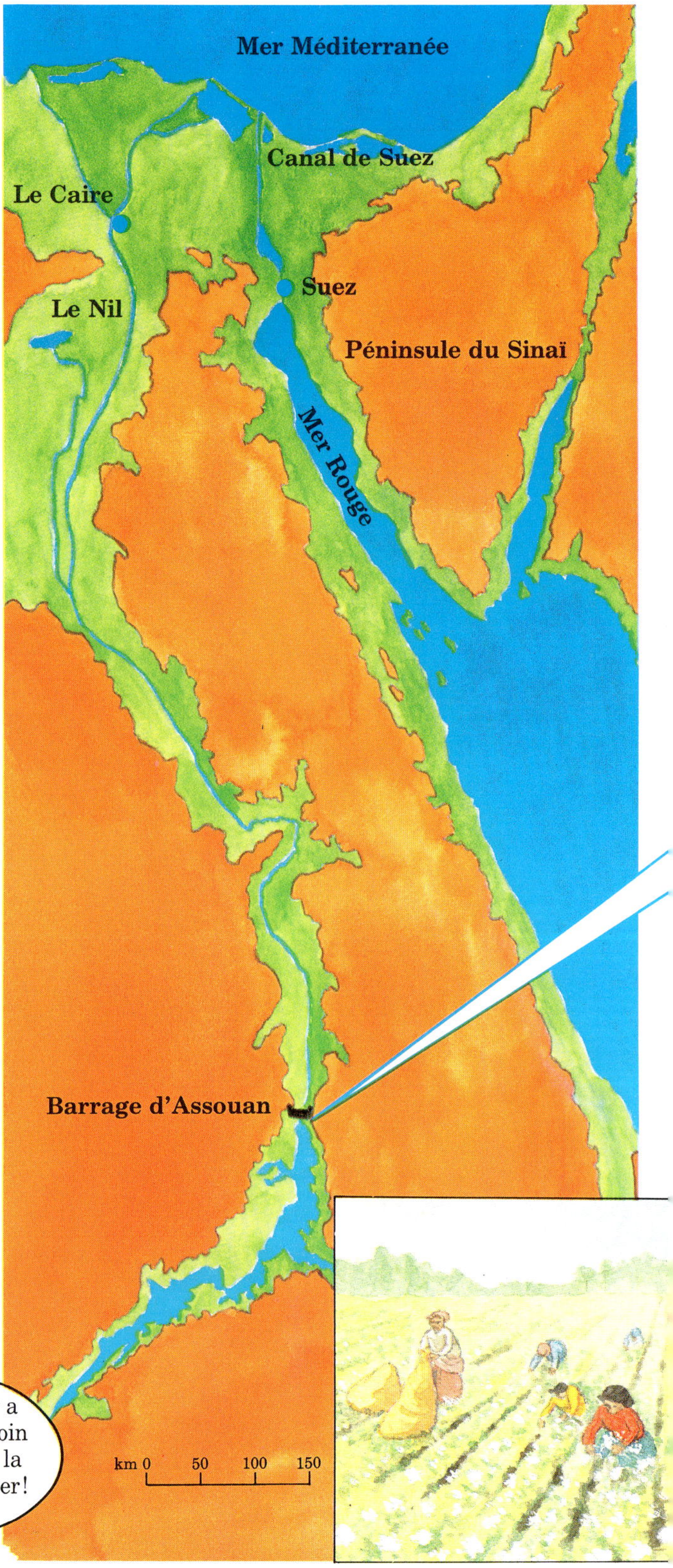

Désormais, on ne redoute plus les crues du Nil.

Le barrage est aussi une source d'énergie électrique

▲ Il a apporté aux gens la lumière électrique et la télévision.

▲ Son électricité contribue au fonctionnement des usines.

Le niveau des eaux du Nil est constant

Autrefois, le niveau des eaux du Nil changeait radicalement en fonction des saisons. Il pouvait varier de 6 mètres ou plus entre la saison sèche et celle des pluies. Mais, depuis que le barrage contrôle son cours, son niveau reste constant.

Pour les parents

Le bassin du Nil renferme de nombreux trésors datant de l'Égypte ancienne. La construction du barrage d'Assouan menaça l'existence de certains de ces vestiges. Quand, au moment de sa construction, le lac artificiel (de 600 km de long) fut mis en place, par exemple, les deux temples d'Abou Simbel auraient normalement dû être recouverts par les eaux. Mais ces temples, datant du règne de Ramsès II, au XIIIe siècle av. J.-C., représentaient un tel joyau sur le plan culturel qu'on décida de les déplacer dans un lieu plus élevé — l'opération s'est déroulée sous le contrôle de l'UNESCO.

Qu'est-ce que c'est que la route de la Soie?

RÉPONSE La route de la Soie est le nom qui fut donné à l'ancienne voie reliant la Chine à l'Europe. C'est le long de cette route que le plus recherché des produits de l'ancienne Chine, la soie, cheminait jusqu'aux bazars d'Italie, de France et du reste de l'Europe. Elle comportait, certes, de nombreuses ramifications, mais sa voie principale reliait presque en ligne droite, et sur environ 6 400 km, Xi'an à ce qui constitue aujourd'hui le Moyen-Orient. C'est essentiellement par cette célèbre route que la culture de l'Ouest et du Moyen-Orient se répandit à l'Est.

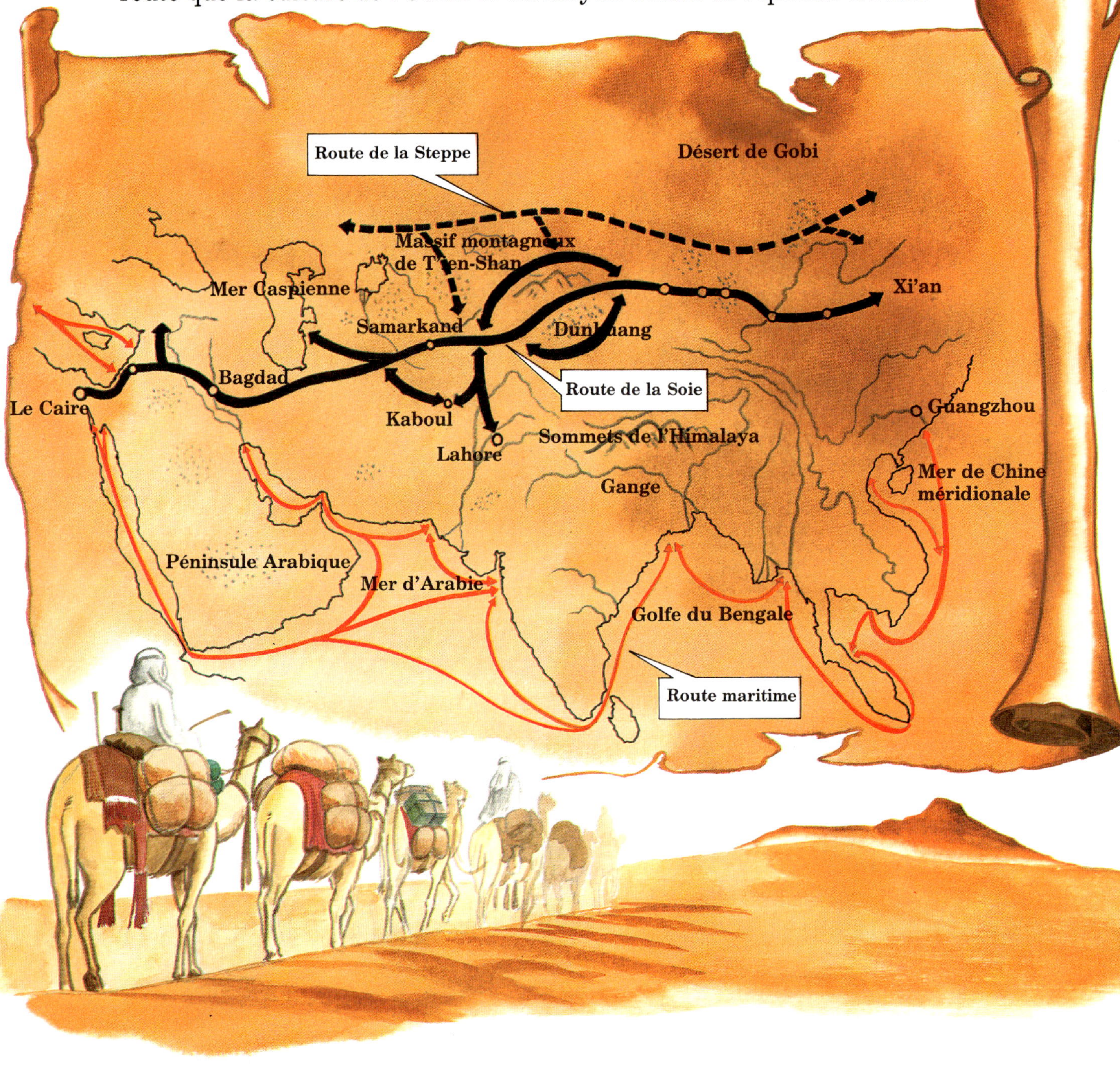

À quoi d'autre servait la route de la Soie?

Outre le transport de la soie en Europe, cette route permit l'acheminement aussi bien de toutes sortes de produits que d'idées nouvelles ou de techniques de fabrication d'objets courants: les techniques de production du fer et du papier, l'art de l'élevage des vers à soie, voyageaient, côte à côte, avec des choses ordinaires, tels les légumes ou les fruits.

Quelles sortes d'endroits sont les oasis?

La plus grande partie de la route de la Soie suivait des pistes à travers le désert. Le long de cette route, il y avait de nombreuses oasis où les caravanes pouvaient s'arrêter pour que les hommes et les animaux se reposent. À la lisière de l'ancien désert de Taklamakan, l'actuel désert de Gobi, il y avait l'oasis de Dunhuang. Située à la porte de la Chine, elle était alors très prospère. Pendant des siècles, la ville de Dunhuang fut le creuset des cultures et des peuples de nombreux pays étrangers. C'est pourquoi les œuvres d'art et les cavernes magnifiquement décorées datant de ces temps anciens sont encore très nombreuses, de nos jours, à Dunhuang.

▲ Toutes ces maisons ont été creusées dans le flanc des collines. Leurs intérieurs sont décorés de peintures très anciennes.

• Pour les parents

Certaines des sections de la route de la Soie remontent à environ 2 000 ans av. J.-C. Mais son tracé a changé au gré des événements. Au VIe siècle ap. J.-C., par exemple, la Mésopotamie fut la scène de sanglants combats entre l'empire byzantin et les souverains sassanides de Perse. Pour éviter la région, les caravanes commencèrent à emprunter un chemin plus au nord, si bien que la plus ancienne et plus centrale route de la Soie tomba en désuétude.

Comment s'est formé l'Himalaya?

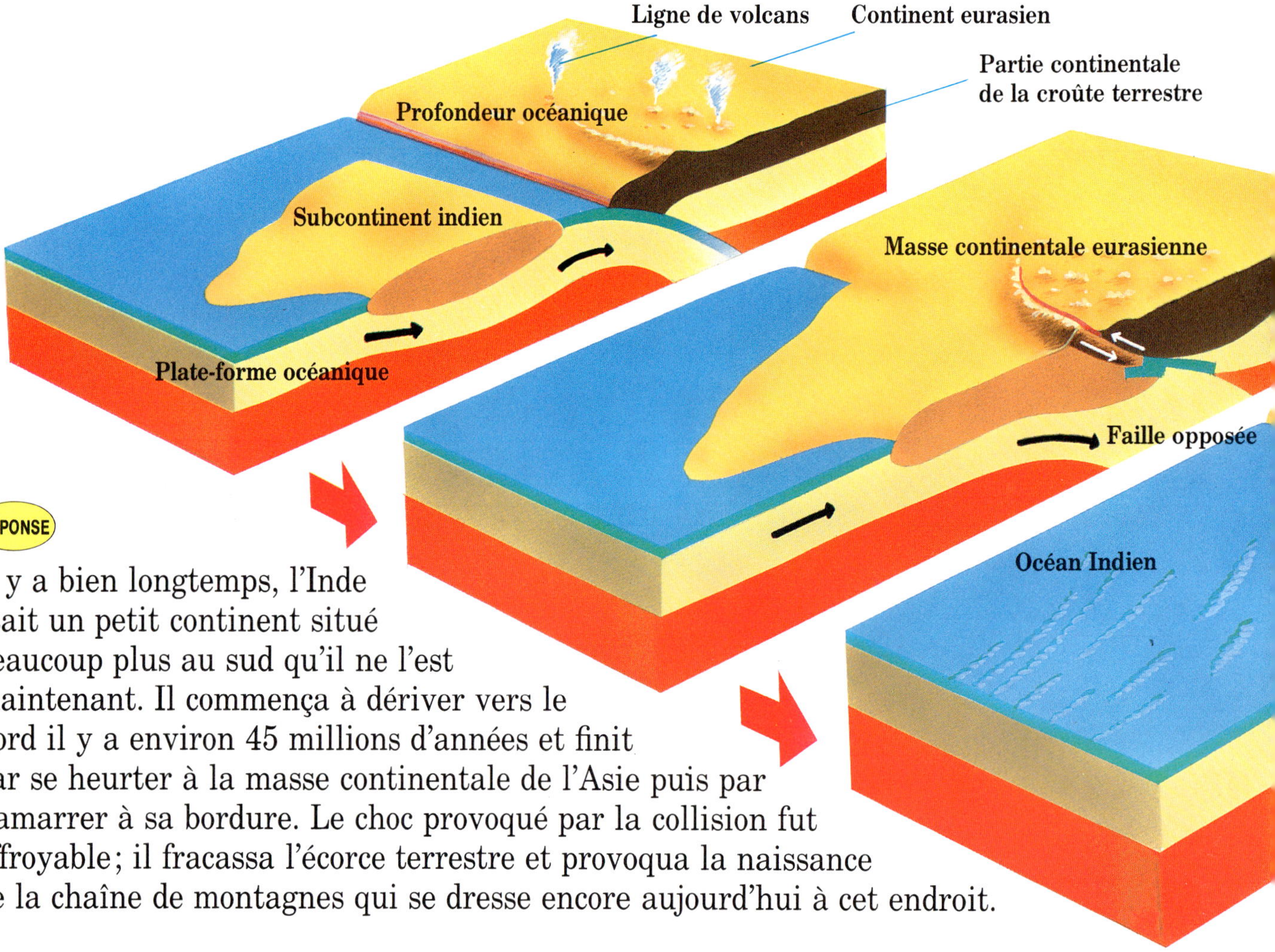

RÉPONSE

Il y a bien longtemps, l'Inde était un petit continent situé beaucoup plus au sud qu'il ne l'est maintenant. Il commença à dériver vers le nord il y a environ 45 millions d'années et finit par se heurter à la masse continentale de l'Asie puis par s'amarrer à sa bordure. Le choc provoqué par la collision fut effroyable; il fracassa l'écorce terrestre et provoqua la naissance de la chaîne de montagnes qui se dresse encore aujourd'hui à cet endroit.

Vestiges fossilifères

Les coquillages vivent dans les océans... Et pourtant des fossiles de coquillages ont été découverts près du sommet du mont Everest, la cime la plus élevée du monde. Cela prouve que cette montagne grandiose a jailli, un jour, du fond de l'océan.

▼ Sa hauteur moyenne est de 7 600 mètres.

Le toit du monde

L'Himalaya est la chaîne de montagnes la plus haute du monde. Cette gigantesque chaîne comprend 26 sommets de 7 600 mètres de haut et plus. Les alpinistes britanniques furent les premiers à atteindre la cime de l'Everest.

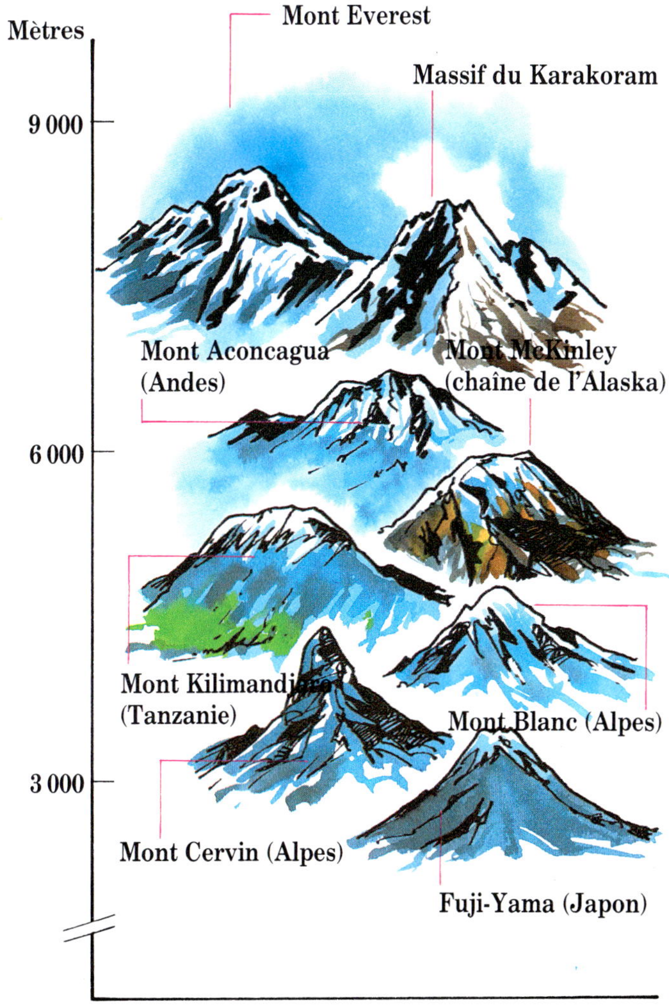

• Pour les parents

Les monts de l'Himalaya jaillirent quand l'Inde entra en collision avec la masse continentale eurasienne, il y a des millions d'années. Quand les deux continents se heurtèrent, il se produisit un plissement de la surface terrestre, et c'est ainsi que se forma la plus haute chaîne de montagnes du monde. Penser au fait que ces pics constituaient autrefois une partie de la plate-forme océanique rend perplexe. Cela laisse entrevoir ce que peut être le déroulement du temps et les changements spectaculaires qu'il implique pour notre planète. Et cela permet de tenter d'imaginer à quoi elle ressemblait il y a des millions d'années.

Pourquoi le Taj Mahal a-t-il été construit?

RÉPONSE

Le Taj Mahal est le mausolée que Shah Jahan, empereur de l'Inde, construisit à la mémoire de son épouse favorite, Mumtaz-i Mahal. En 1631, très affligé par la mort de sa bien-aimée, il tint la promesse qu'elle lui avait fait faire de lui édifier une tombe si magnifique que son nom ne serait jamais oublié. Le vœu fut plus qu'exaucé: le Taj Mahal est aujourd'hui admiré du monde entier pour son exquise beauté et le nom de son inspiratrice est resté dans les mémoires.

▼ **Le Taj Mahal, à Agra, en Inde**

Une symétrie axiale

Le Taj Mahal fut conçu pour avoir la même apparence quel que soit l'angle sous lequel on le voit. Bien que le dôme du sommet paraisse déjà colossal du dehors, il est encore plus impressionnant vu de l'intérieur. C'est comme un gigantesque couvercle, haut de près de 30 mètres, qui domine la structure du monument.

▼ **Espace vide**

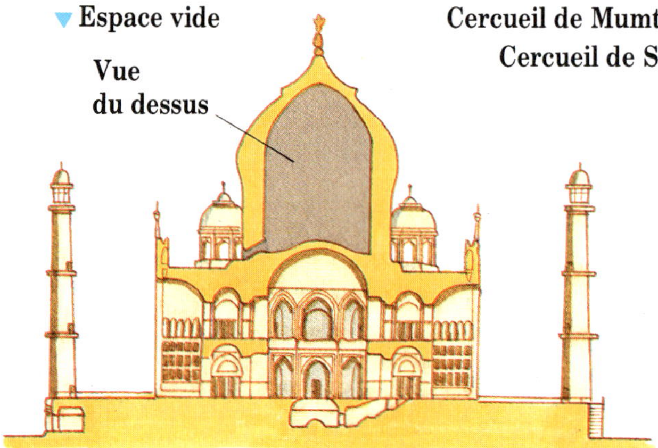

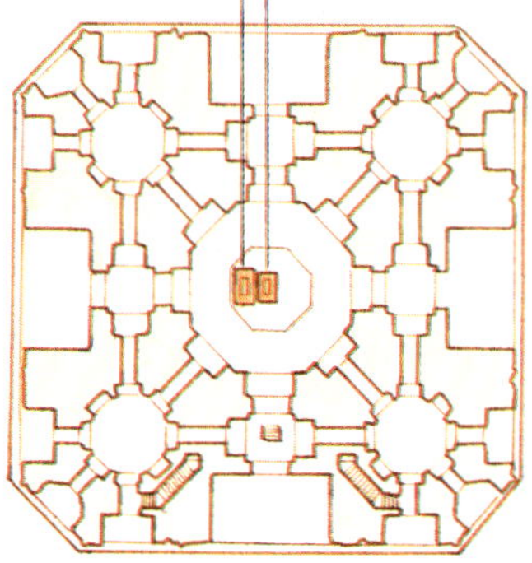

▼ **Coupe transversale**

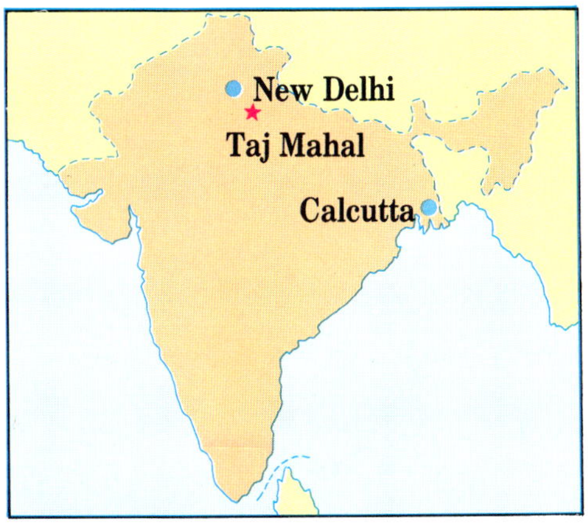

• Pour les parents

Le nom Taj Mahal est une variante du prénom de la femme de Shah Jahan, le cinquième souverain de l'empire moghol, et le monument qu'il désigne est le mémorial que ce dernier dédia à son épouse bien-aimée ; on pense cependant qu'il voulut aussi en faire le symbole de la foi musulmane de son empire. Des artisans venus des fins fonds de la Perse et du Moyen-Orient aidèrent à sa construction : vingt mille hommes y travaillèrent pendant 22 ans. Aujourd'hui, le bel édifice de marbre blanc est considéré comme le parfait exemple de l'architecture moghole, et d'aucuns pensent que c'est le plus remarquable monument du monde. C'est en tout cas un tribut versé à la fois à l'amour et à la beauté dans sa perfection.

Combien mesure la Grande Muraille?

RÉPONSE La Grande Muraille de Chine s'étend à travers tout le pays, d'est en ouest. De l'une de ses extrémités à l'autre, il y a 2 400 km à vol d'oiseau, mais la longueur de la construction, qui épouse le relief du terrain et serpente autour des obstacles, est presque du double. On prétend que c'est la seule œuvre créée par les hommes que l'on puisse apercevoir depuis la Lune.

▶ La Grande Muraille de Chine est visible depuis la Lune.

Combien de temps faudrait-il pour la parcourir de bout en bout?

En supposant que l'on fasse environ 82 mètres à la minute, de jour et de nuit, sans jamais s'arrêter, quel temps approximatif nous faudrait-il pour parcourir la longueur totale de la Grande Muraille de Chine, à savoir 4 800 km? Bien difficile à imaginer!

Il y a 2 400 km d'un bout à l'autre du mur, mais, si on considère que tous ses méandres doublent sa longueur, on aurait à marcher pendant environ 42 jours et 42 nuits pour le parcourir en entier, d'un bout à l'autre.

Pourquoi l'a-t-on construite?

La Grande Muraille de Chine fut édifiée pour protéger le pays contre les invasions des tribus nomades qui, de temps en temps, s'y précipitaient. Construite au Ve siècle avant Jésus-Christ, elle tomba ensuite en ruine puis fut restaurée, par l'empereur Shih Huang-di, en 221 avant Jésus-Christ. Elle est faite de terre, de briques et de pierres; sa hauteur va de 6 à 9 mètres. Elle a des tours de guet, à intervalles réguliers.

Comment construisit-on une si grande muraille?

Pour sa construction, des milliers d'ouvriers travaillèrent pendant de très nombreuses années.

1 On dressa tout d'abord deux immenses palissades en rondins; puis, pour réaliser le mur, on remplit l'espace entre elles.

2 Le mur fut, à l'origine, fait de couches de terre tassée, avec des branches de saule et des roseaux, que l'on laissa durcir.

3 Bien plus tard, au XVIe siècle, on renforça les palissades extérieures avec les briques qui les recouvrent encore actuellement.

• Pour les parents

En 221 av. J.-C., et pour la première fois sous la dynastie Chin, l'empereur Shih Huang-di unifia la Chine. Il ordonna la reconstruction de la Grande Muraille pour refouler les envahisseurs nomades. Le mur fut entretenu, plus ou moins bien, par les générations successives d'empereurs, mais c'est dans la seconde moitié du XVIe siècle qu'il acquit son apparence actuelle.

Qu’est-ce qui a créé ces magnifiques collines?

RÉPONSE Le paysage autour de Guilin, en Chine, est une forêt de pics stupéfiants, s’élevant, depuis un sol plat, jusqu’à une hauteur de 300 mètres. Ce massif original est le résultat de milliers d’années d’érosion par l’eau de pluie, dans une région qui était autrefois une immense plaine complètement plate au soubassement calcaire d’une épaisseur de 9 000 mètres. Il est vrai que les températures estivales de l’endroit, qui dépassent 38 °C, accélérèrent le processus.

▼ Le paysage de Guilin est souvent représenté dans les peintures chinoises.

Comment ont-elles pu acquérir une forme si curieuse?

1

À une certaine époque, la région était une plaine calcaire doucement ondulée. Lorsque les pluies tombaient, le dioxyde de carbone contenu dans l'eau dissolvait le calcaire friable et formait des rigoles dans lesquelles le vent transportait des graines qui y devenaient des plantes. Ces plantes, pour pouvoir prendre de l'ampleur, faisaient craquer la pierre et y créaient des fissures. L'eau de pluie s'infiltrait sous la surface, formant çà et là de vastes cavernes souterraines.

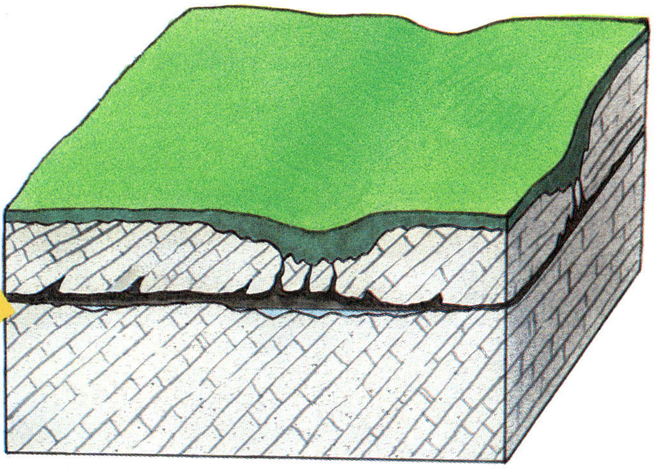

2

Au fur et à mesure que le calcaire se dissolvait, les fentes devenaient plus larges et plus profondes. Et il arrivait que des portions de terrain non érodées soient finalement séparées par d'immenses crevasses et que, le niveau des eaux baissant, les lacs souterrains sèchent.

3

Le processus d'érosion se poursuivit pendant des milliers d'années, si bien qu'aujourd'hui certaines crêtes s'élèvent à plus de 300 mètres. Elles sont recouvertes de végétation et, dans leur soubassement, il y a des cavernes souterraines dues à l'érosion.

Des grottes à stalactites

Les grottes à stalactites sont très particulières aux régions calcaires. Elles se forment du fait des eaux pluviales qui, en traversant la roche, finissent par entraîner avec elles une partie de la matière du sol. Ruisselant ensuite à travers le plafond des grottes, elles y abandonnent ces dépôts, faits de calcaire, qui forment sur la voûte ces sortes de longs pics qu'on appelle des stalactites.

▲ **Grotte à stalactites, à Guilin**

● Pour les parents

Les pics de Guilin constituent l'un des thèmes artistiques favoris de l'école chinoise du Sud. La représentation de ces montagnes perdues dans la brume mais majestueusement dressées derrière un lac ou une rivière sur lequel navigue un sampan ou un bateau en est tout à fait typique. L'effet est féerique et bien des gens pensent qu'il est le fruit de l'imagination de l'artiste... Pourtant, ces décors existent réellement dans la région de Guilin. Ce cadre très spécial est le fait d'un climat extrêmement chaud et humide sévissant dans un paysage à soubassement calcaire très épais. De tels piliers calcaires se dressant à la verticale n'existent que dans les régions tropicales ou subtropicales.

Quel est le plus long tunnel sous-marin du monde?

RÉPONSE C'est le tunnel de Seikan, qui relie les îles japonaises d'Honshu et d'Hokkaïdo. Long de 53 km, ce tunnel ferroviaire possède un quai qui a été prévu pour permettre aux passagers de sortir de temps à autre du train et venir jeter un coup d'œil dehors.

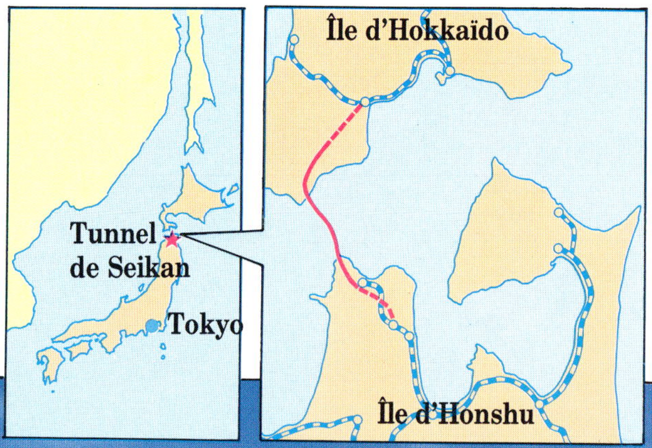

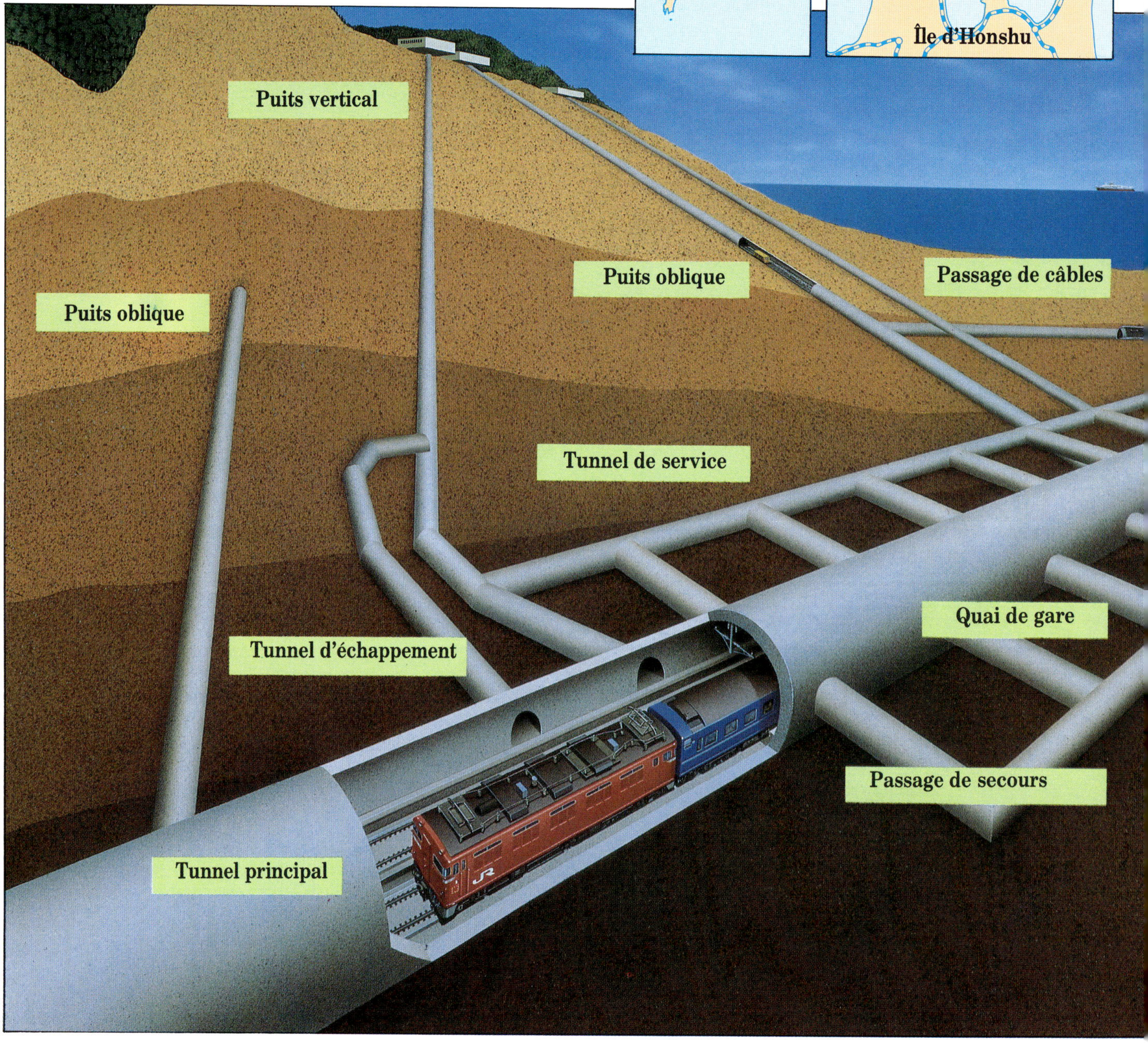

Schéma en coupe

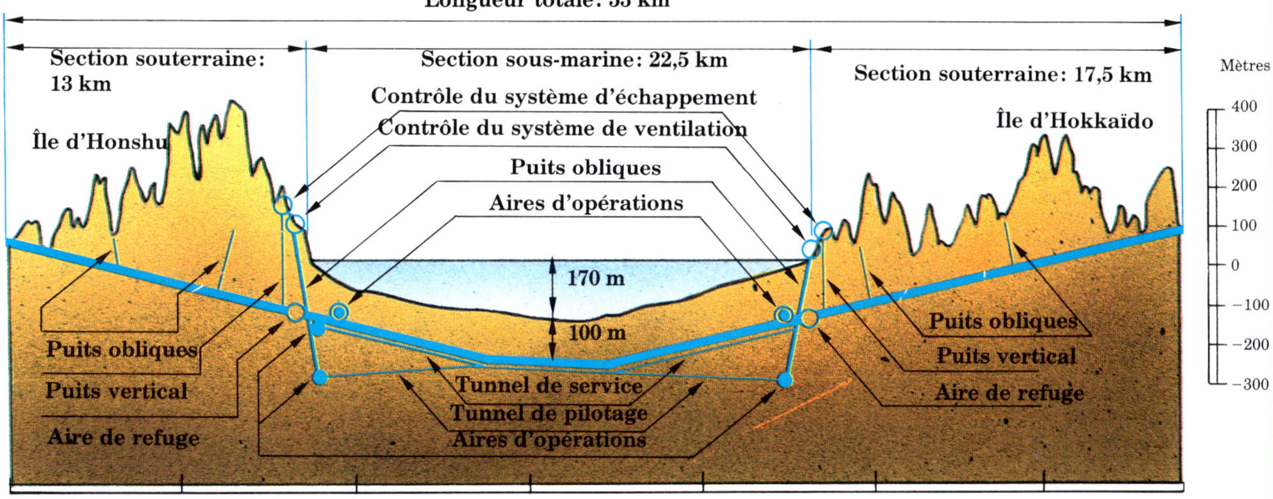

▲ Il y a un quai pour les passagers dans le tunnel.

Quelques dimensions du tunnel

Le tunnel de Seikan est vaste. Il fait presque 7,9 mètres de haut et environ 9,8 mètres de diamètre. La voie de chemin de fer d'une seule section mesure 52,5 km de long. Le tunnel est doté d'un équipement des plus sophistiqués pour tout ce qui est de la sécurité.

▼ Équipement

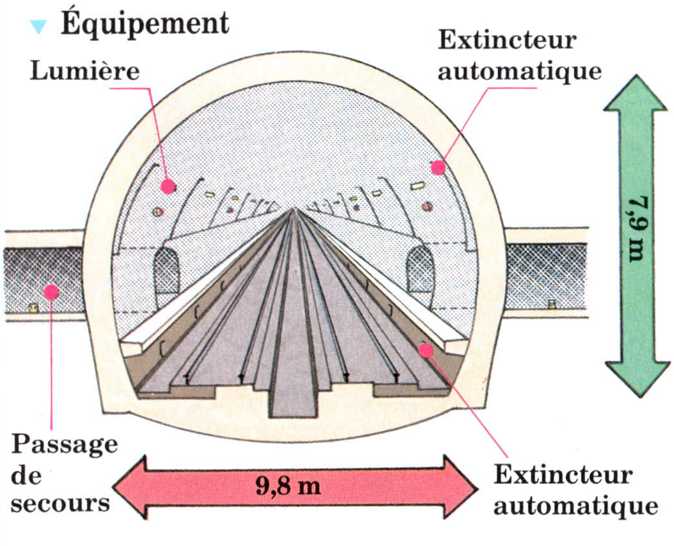

● Pour les parents

Commencée en 1946, après des études géologiques très poussées, la construction du tunnel de Seikan dura 42 ans. Si on compte toutes ses galeries de service et ses issues de secours, il comprend 18 tunnels, d'une longueur totale de 71,8 km. La voie ferrée qui parcourt le tunnel est la plus longue voie d'un seul tenant dans le monde entier. Son quai sous la mer est le seul du genre jusqu'à ce jour. Un équipement de tout premier ordre a été mis en place pour la sécurité et le sauvetage; il comprend des appareils de mesure à laser.

De quoi est faite la Grande-Barrière?

RÉPONSE La Grande-Barrière est un immense récif de corail s'étendant sur 2 000 km, le long de la côte nord-est de l'Australie. Elle est constituée des squelettes de milliards de polypes de corail — tous ces minuscules organismes vivent sur des rochers ou sur le fond de l'océan en de gigantesques colonies qui datent la plupart du temps de plusieurs siècles.

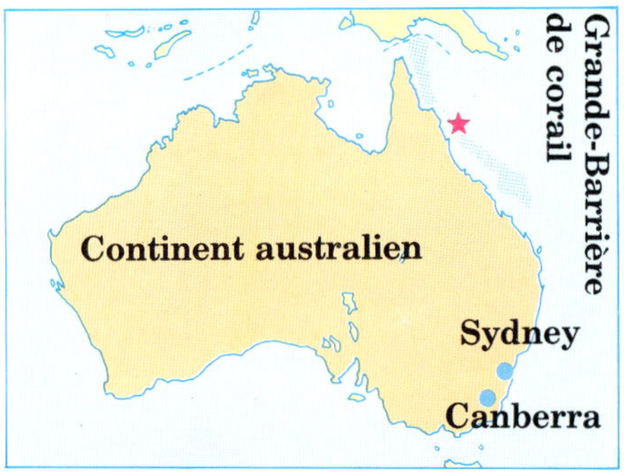

▲ Le récif est une véritable barrière côtière.

Comment cette barrière de corail a-t-elle pu prendre forme?

La température de l'océan devait être aux environs de 25 °C et la luminosité adéquate pour la survie des polypes de corail — puisqu'ils vivent tout près de la surface.

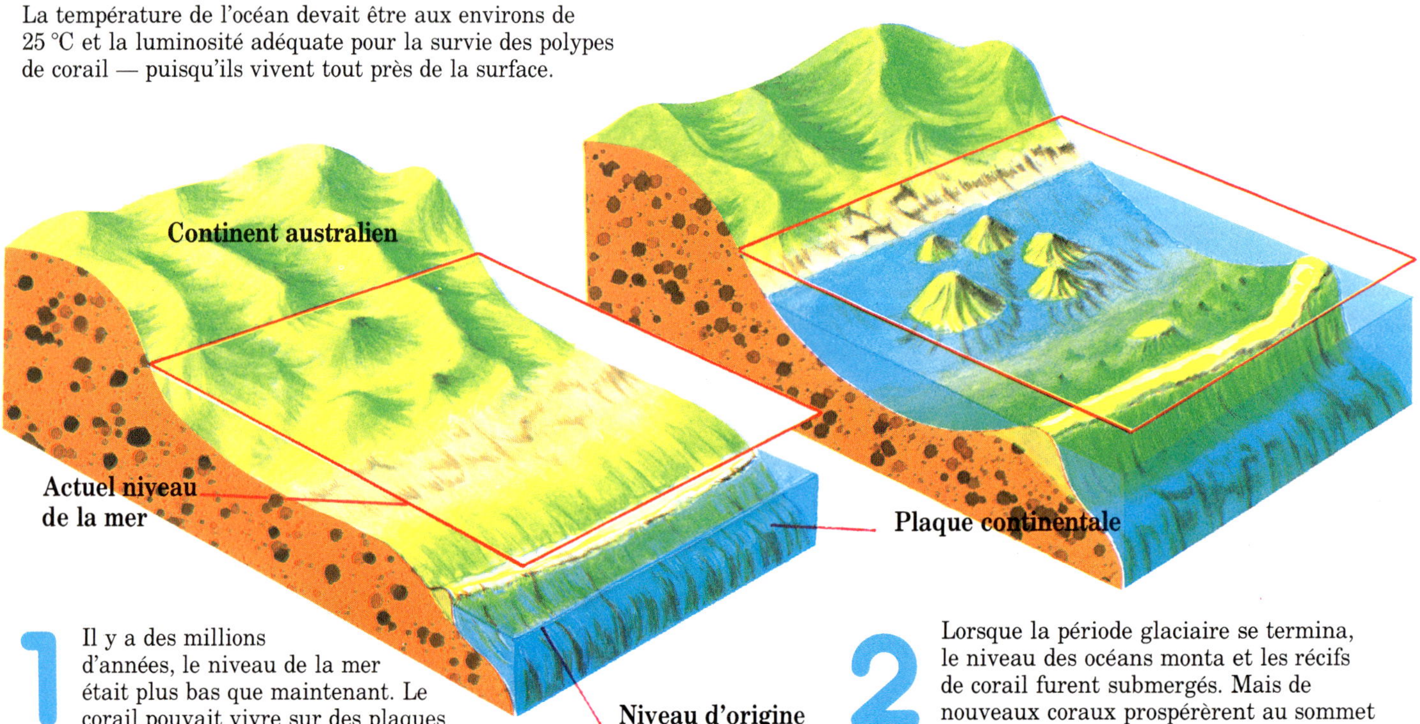

1 Il y a des millions d'années, le niveau de la mer était plus bas que maintenant. Le corail pouvait vivre sur des plaques continentales à des profondeurs de 40 mètres.

2 Lorsque la période glaciaire se termina, le niveau des océans monta et les récifs de corail furent submergés. Mais de nouveaux coraux prospérèrent au sommet des anciens et s'accumulèrent jusqu'à atteindre le nouveau niveau des océans.

Plus de 350 espèces de coraux vivent sur le récif.

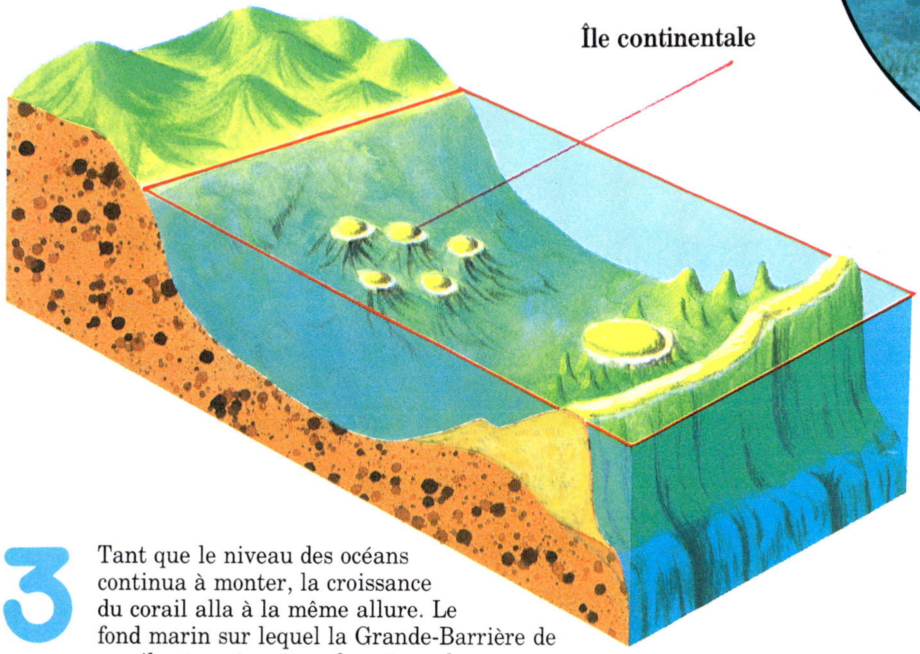

3 Tant que le niveau des océans continua à monter, la croissance du corail alla à la même allure. Le fond marin sur lequel la Grande-Barrière de corail est posée est sur la même plaque que celle qui supporte tout le continent australien.

• Pour les parents

La Grande-Barrière de corail est au large de la côte nord-est de l'Australie, à une distance variant de 20 à 150 km. Elle se renouvelle constamment, de nouveaux coraux se développant par-dessus les squelettes de coraux morts. Ainsi, la hauteur du récif augmente régulièrement de 1,5 cm par an. La plupart des quelque 400 espèces de corail répertoriées peuvent croître grâce au climat idéal que leur offrent les eaux riches en éléments nutritifs du Pacifique Sud, également connu sous le nom de mer de Corail.

À quoi ressemble l'Antarctique?

RÉPONSE L'Antarctique est la terre du pôle Sud. C'est un continent, à peine un peu plus petit que l'Amérique du Sud. C'est la région la plus froide de la Terre. Même en été, la température n'y est jamais supérieure à −29 °C. De très nombreuses nations y ont établi des bases de recherches; mais, pour le moment, l'Antarctique n'appartient à aucune d'elles.

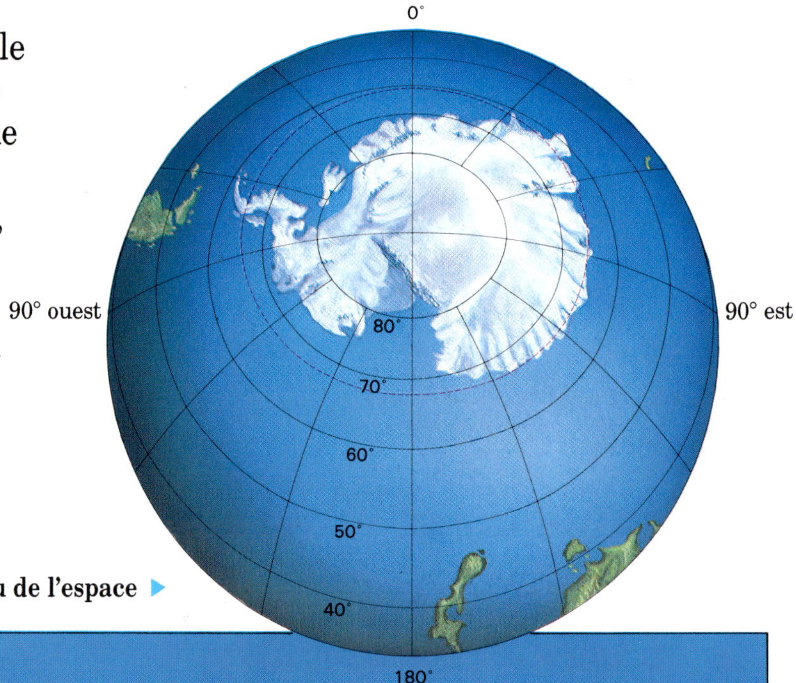

L'Antarctique vu de l'espace ▶

▲ Les pingouins sont sans doute les habitants les plus célèbres de l'Antarctique. La plupart des espèces ne vivent que là.

Quelle est l'épaisseur de la calotte glaciaire de l'Antarctique?

Presque tout l'Antarctique est recouvert d'une épaisse calotte de glace. Son épaisseur moyenne est d'un peu moins de 2 kilomètres.

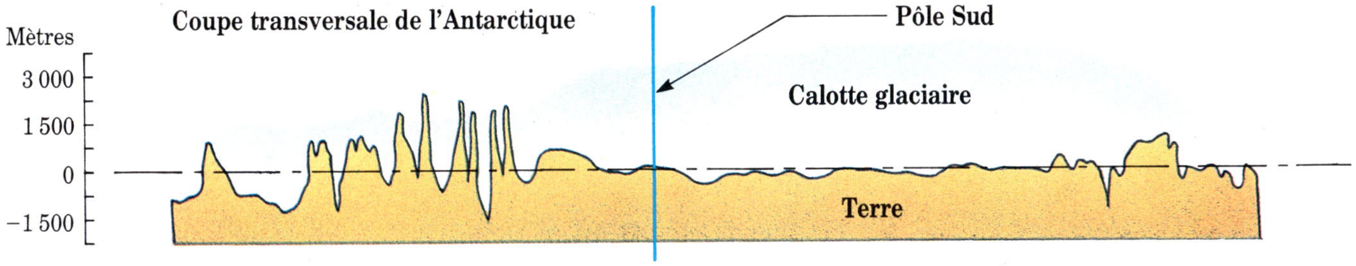

Des jours sans nuits

C'est un phénomène qui s'y produit au cœur de l'été. De tout le mois de décembre et tout le mois de janvier, le Soleil ne se couche pas; il y a 24 heures de jour mais pas de nuit.

L'aurore

L'aurore est une magnifique lumière qu'on peut voir juste au-dessus des pôles, au moment où les particules atomiques émises par le Soleil produisent des gaz qui étincellent dans le champ magnétique terrestre.

Les animaux de l'Antarctique

Les pingouins, les phoques et les mouettes de mer sont quelques-uns des principaux habitants de ce continent.

◀ Phoques

▲ Pingouins

• Pour les parents

Contrairement à l'Arctique, qui est simplement un gigantesque morceau de glace ne reposant sur aucune terre, l'Antarctique est un colossal continent recouvert de glace. On en découvrit l'existence en 1820. Aussitôt commença une course entre explorateurs de différentes nationalités pour atteindre le pôle Sud. Une équipe de Norvègiens, conduite par Roald Amundsen, fut la première à y parvenir, le 14 décembre 1911.

Qu'est-ce?

La cathédrale de Cologne

La cathédrale de Cologne, en Allemagne de l'Ouest, est célèbre pour sa beauté, ses dimensions et son âge. Les fondations en commencèrent en 1248 mais les travaux se poursuivirent, par intermittence, pendant plus de 600 ans. Le style gothique est celui du Moyen-Âge européen. Les flèches jumelles s'élèvent à 157 mètres et l'édifice lui-même fait plus de 143 mètres de long et 53 mètres de large. La cathédrale fut extrêmement endommagée pendant la seconde Guerre mondiale, mais elle fut ensuite restaurée. C'est l'emblème et la fierté de la ville de Cologne.

L'abbaye de Westminster

C'est la très célèbre église de style gothique de Londres. Tous les souverains anglais des 800 dernières années — sauf deux d'entre eux — y ont été couronnés et nombre de personnages très célèbres y sont enterrés. Il y a plus de 1 000 ans, une église se dressait sur l'emplacement, mais l'abbaye principale que l'on peut y voir aujourd'hui date seulement de 700 ans. De nombreux architectes de talent se sont succédé pour son élaboration.

Le château de Fontainebleau

Fontainebleau fut d'abord un pavillon de chasse des rois de France. Puis, en 1527, il fut rasé pour être reconstruit et agrandi. Des ouvriers français et italiens le transformèrent alors en un élégant château royal. Il est situé à 65 km de Paris, à l'orée d'une magnifique forêt. C'est à Fontainebleau que Napoléon signa sa première abdication.

Le palais de Schönbrunn

Le palais de Schönbrunn, à Vienne, représente exactement ce que la plupart des gens entendent par château. Il a été construit dans un curieux style baroque et comprend plus de 1 400 chambres. Il est entouré de magnifiques jardins et d'arbres splendides. C'était un, parmi d'autres, des palais qu'habitait la famille des Habsbourg, en Autriche.

Le mont Cervin

Le mont Cervin est une grande montagne située à la frontière de l'Italie et de la Suisse. Il a une forme majestueuse, parfaitement reconnaissable. Bien qu'il soit loin d'être aussi haut que certains autres (il culmine à 4 477 mètres), le pic escarpé du Cervin constitue un véritable défi pour les alpinistes qui tentent régulièrement de le vaincre.

La Maison-Blanche

La Maison-Blanche, à Washington, est la demeure du président des États-Unis. Elle fut brûlée par les soldats britanniques pendant la guerre de 1812 et, quand on la reconstruisit, elle fut peinte en blanc. D'où son nom actuel! Elle comporte plus de 130 pièces et dépendances en tout genre. Le président et sa famille occupent son second étage.

Pour les parents

Il y a d'impressionnants édifices, de splendides paysages et des lieux d'une importance historique considérable dans chaque coin du globe. Chacun a une histoire. Racontez ces histoires à votre enfant et il apprendra plus volontiers. De plus, cela le poussera à prendre véritablement conscience de l'existence d'autres gens et d'autres lieux.

Et ça?

Les temples d'Abou Simbel

Les temples d'Abou Simbel ont été édifiés par les Égyptiens, il y a plus de 3 000 ans. Ils furent sculptés dans la roche qui borde le Nil. Mais, quand la construction du barrage d'Assouan (qui fut terminé en 1970) fut décidée, on les déplaça, afin qu'ils ne soient pas submergés par les eaux. Des statues de pharaons se dressent à l'entrée.

L'Opéra de Sydney

L'Opéra de Sydney est le plus célèbre édifice d'Australie. Son architecture très particulière fait qu'on le reconnaît au premier coup d'œil. Il fallut 16 ans pour le construire et il coûta plus de 102 millions de dollars. Il fut inauguré par la reine Elisabeth II d'Angleterre, en 1973. Ce bâtiment révolutionnaire contient quatre salles de concert.

Le temple du Bouddha d'émeraude

Ce temple (Vat Phra Keo pour les Thaïlandais) est situé à Bangkok. Il abrite une statue du Bouddha qui est particulièrement chère au cœur des Thaïlandais. Le roi en fait régulièrement changer les vêtements. Certains sont en or.

• Pour les parents

Notre monde contient beaucoup de merveilles. Certains pays possèdent des trésors et des particularités qu'on ne retrouve pas dans nos pays. Parlez à vos enfants de ces lieux exceptionnels, ce sera une bonne façon de leur apprendre ce que sont la vie quotidienne et les coutumes des autres peuples.

L'album de ....

Où sont ces lieux célèbres?

Peux-tu nommer les pays où se trouvent les monuments dessinés sur ces pages? Observe la carte du monde et essaie de les repérer. Si tu ne sais pas exactement, essaie quand même de deviner!

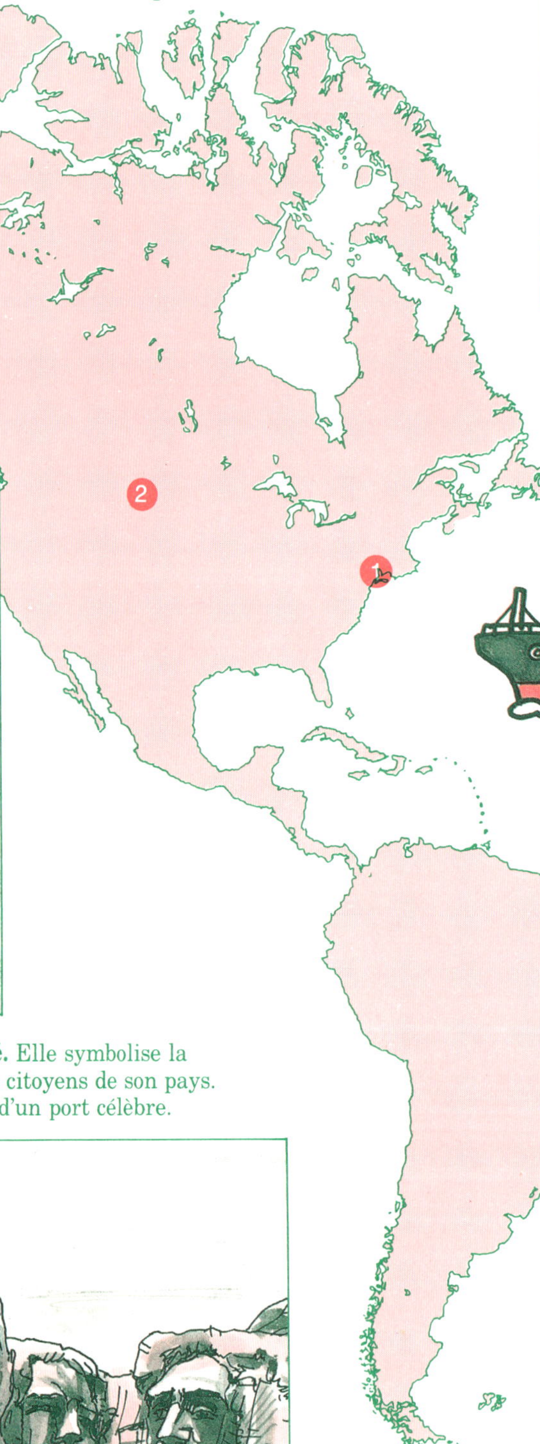

3 **Stonehenge.** Nul ne sait avec certitude qui a dressé ces gigantesques pierres ni ce qu'elles peuvent bien signifier.

1 **La statue de la Liberté.** Elle symbolise la liberté dont jouissent les citoyens de son pays. Elle se dresse à l'entrée d'un port célèbre.

2 **Le mont Rushmore.** Les têtes de quatre des présidents de ce pays sont sculptées dans la roche de la falaise. Un père et son fils les ont réalisées.

4 **La tour penchée.** Cette célèbre tour est penchée depuis qu'elle existe; cela fait donc plusieurs centaines d'années.

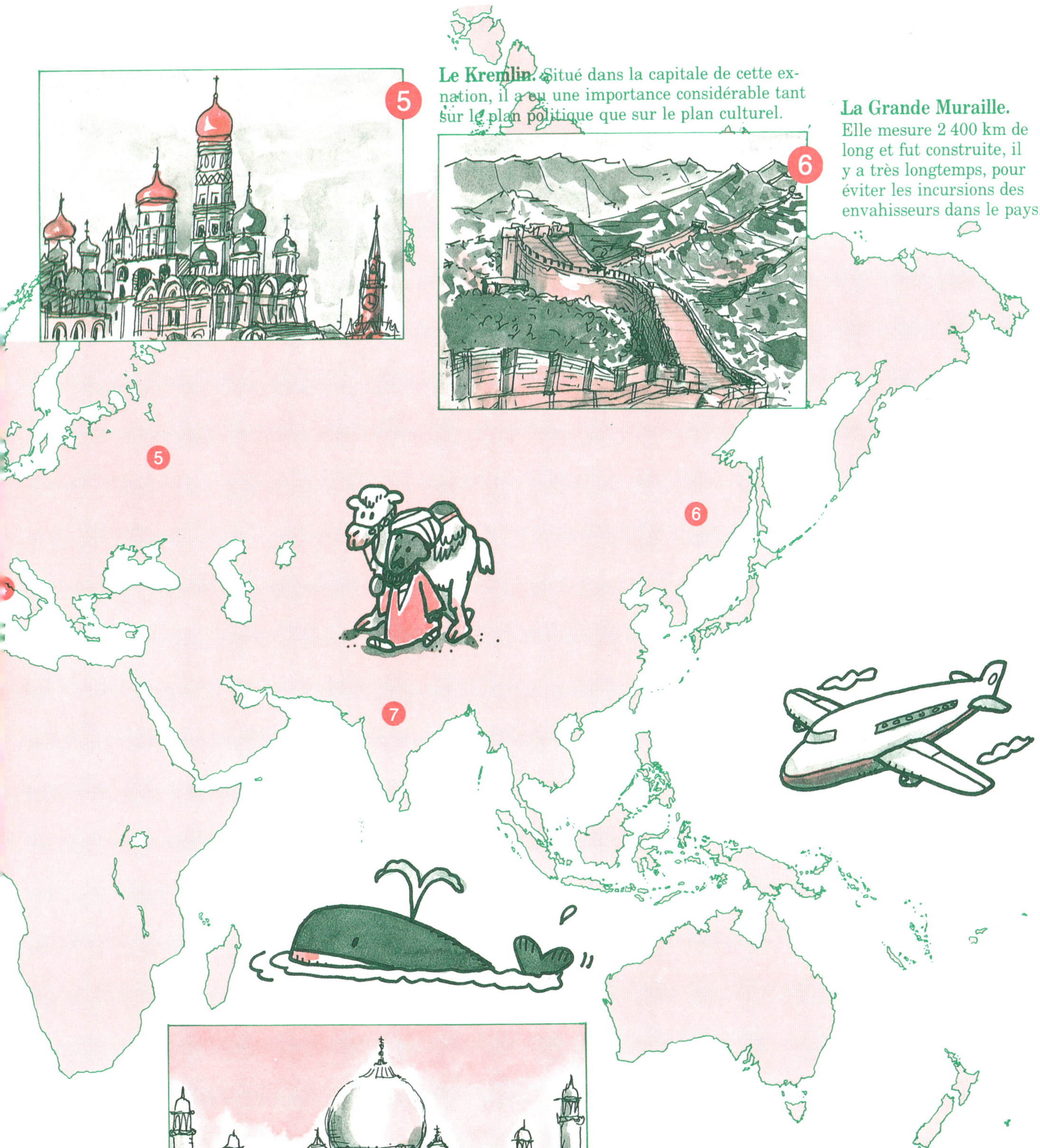

Le Kremlin. Situé dans la capitale de cette ex-nation, il a eu une importance considérable tant sur le plan politique que sur le plan culturel.

La Grande Muraille. Elle mesure 2 400 km de long et fut construite, il y a très longtemps, pour éviter les incursions des envahisseurs dans le pays.

Le Taj Mahal. C'est l'un des plus magnifiques monuments du monde. Un roi le fit construire pour perpétuer la mémoire de sa reine bien-aimée.

Réponses:	
1. États-Unis	5. ex-U.R.S.S.
2. États-Unis	6. République populaire de Chine
3. Grande-Bretagne	7. Inde
4. Italie	

Les avais-tu déjà vus?

Observe les dessins de ces pages. Si tu es déjà allé dans l'un ou l'autre de ces pays et si tu y as déjà vu ces lieux toi-même, mets une croix dans la case correspondante. Si tu avais déjà lu quelque chose à leur sujet dans un autre livre ou si tu les avais vus à la télévision, mets une double croix dans la case. Si tu les as vus dans ce livre, mets-y trois croix.

Les moulins à vent, en Hollande. Les moulins à vent étaient utilisés dans le passé pour pomper l'eau des terres basses et pour moudre du grain. Ils utilisent la force du vent. L'énergie qu'ils produisent ne coûte absolument rien.

Le Grand Canyon. Cette gigantesque gorge fut taillée par le fleuve Colorado. Elle se situe en Arizona.

Les pyramides. Tombes des pharaons égyptiens, elles furent construites avec de colossaux blocs de pierre.

Les chutes du Niagara. Ces cascades célèbres entre toutes sont situées sur la frontière entre les États-Unis et le Canada.

La tour Eiffel. C'est le symbole mondialement célèbre de Paris. Du haut de ses 300 mètres, elle domine la ville.

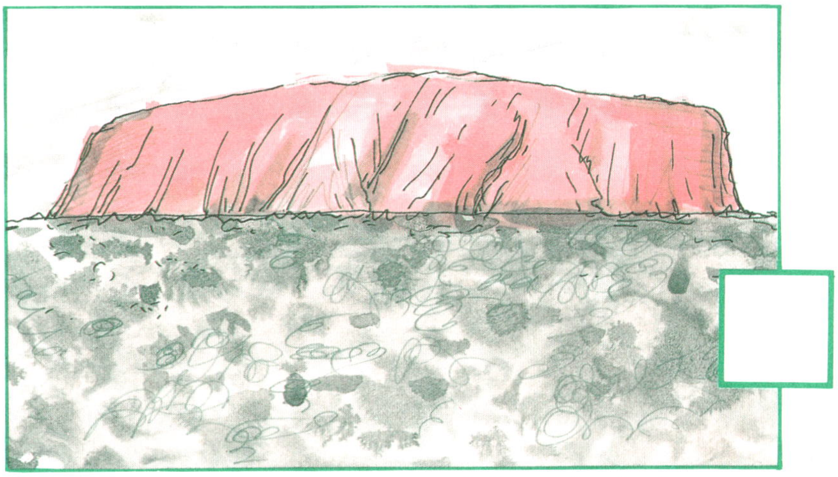

Ayers Rock. Situé pratiquement au centre de l'Australie, c'est le rocher isolé le plus gigantesque du monde. C'est une sorte de plateau.

Le Colisée. Les hommes s'y battaient pour sauver leur vie.

Tower Bridge. Il enjambe la Tamise. C'est l'un des monuments les plus célèbres de Londres.

Le Parthénon. C'est ce qui subsiste d'un grand temple que la Grèce antique dédia à la déesse Athéna.

Relie chaque texte à son dessin

Lis les descriptions dans les cadres du bas — elles décrivent les monuments de cette page, numérotés de 1 à 8. Puis mets dans le carré en face de chaque texte le numéro qui lui correspond.

1 La cité du Vatican

2 Le Sahara

3 Venise

4 L'Antarctique

Ce sont des criques profondes qui ont été creusées par des glaciers, sur les côtes nord de l'Europe, il y a des milliers d'années.	

C'est un raccourci pour les bateaux, entre l'océan Atlantique et l'océan Pacifique. Il a été creusé en Amérique centrale.	

C'est le plus long tunnel sous la mer du monde. Il relie deux îles, au Japon. Il fallut 42 ans pour le construire.	

C'est le plus petit pays du monde. Il est au milieu de la ville de Rome et possède une admirable collection de peintures.	

5 L'île de Pâques

7 Le tunnel de Seikan

6 Le canal de Panamá

8 Un fjord scandinave

Cette ville italienne est célèbre pour ses nombreux canaux et ses gondoles. Ce fut, autrefois, un important centre commercial.

Ses statues colossales en pierre sont très mystérieuses. Personne ne sait exactement comment et pourquoi elles arrivèrent là.

Cette région d'Afrique est entièrement recouverte de sable. Il y pleut rarement et très peu d'animaux peuvent y survivre.

C'est la partie la plus au sud du monde. Elle est couverte de neige et de glace. Les pingouins y vivent en grand nombre.